月曜日が楽しくなる幸せスイッチ

日曜夕方から憂うつになる「サザエさん症候群《シンドローム》」ともサヨナラ。

前野マドカ 著
前野隆司 監修

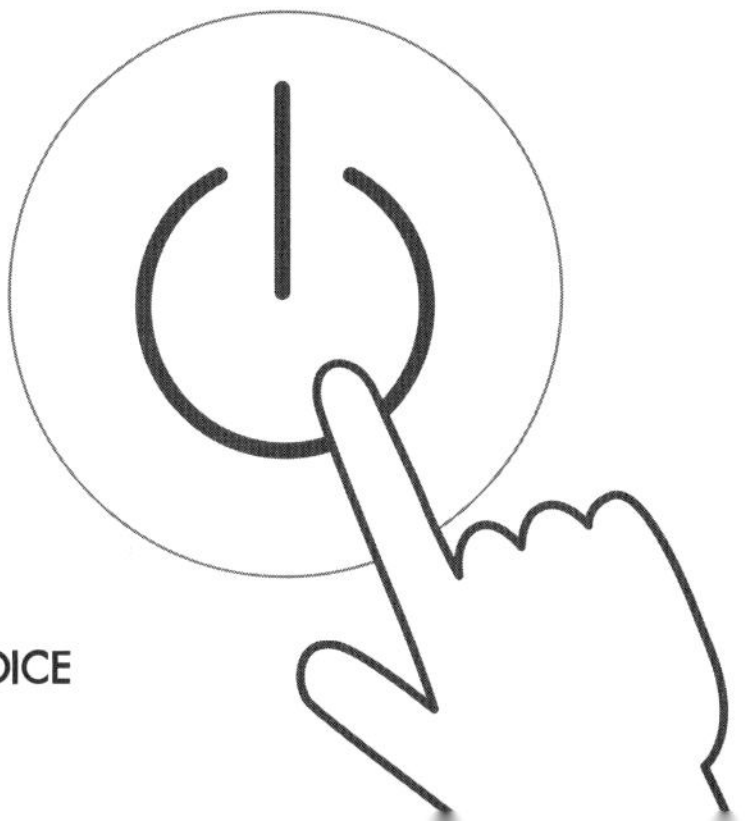

VOICE

Bookdesign
Yumiko Fujii

Illustration
Ayumi

はじめに
月曜日をいつも幸せに迎えるために

明日は、月曜日——。

日曜日の夜が深まっていく頃、あなたはどんな気分になりますか。

翌日のことを考えてワクワクしていますか？　それとも、なんとなく重い気分を抱えながら過ごしているのでしょうか？　もし後者だとしたら、それは「サザエさんシンドローム」かも。「ああ、楽しい休日ももう終わっちゃう。明日はまた嫌な月曜日がやってくる」とブルーになってしまう、アレです。

タイトルにある「月曜日」というワードには、もちろん「週の始まり」という言葉通りの意味もあります。けれども、この本では、「楽しいことの後にやってくる辛いこと」「新しく取り組まなければならない大変なこと」などといった、ネガティブな物事の象徴としても「月曜日」という表現を使っています。

幸福学の研究を進めるうちに、人がこのような象徴としての「月曜日」を憂うつに感じるのは、心や意識が整っていないから、ということがわかってきました。

この本では、私の研究仲間や私が慶應義塾大学で研究してきた幸福学に基づく、ある意味、脳をだまして、意識や心、認識や思い込みを整えるための日常で使える手軽なスイッチを紹介していきます。このスイッチがあれば、いつでも幸せなほうへ気持ちを切り替えられます。

さまざまな場面で使える、スイッチの切り替え法を身につけて、毎日が金曜日になるような、幸せな日々を過ごしてください。だれもが皆、幸せになれます。一緒に「幸せスイッチ」をオンにしましょう！

前野 マドカ

刊行に寄せて

前野マドカと共に、夫婦で幸福学研究を行っている前野隆司です。

幸せの研究をしていると、人がどうすれば幸せになれるのかが、わかってわかってしかたがありません。これを自分たちだけでひとりじめ（ふたりじめ？）していてはいけない、なるべく多くの人に幸せを届けたい、と妻のマドカが力強く立ち上がったのがこの本です。

監修者の私から見ても、学術的に検証された内容を、わかりやすく伝わりやすいスイッチという形で事例も交えて書かれていると思います。マドカの幸せパワーが僕だけでなく世界中の皆さんにも乗り移ることを、心から願っています。

慶應義塾大学大学院システムデザイン・マネジメント研究科・教授　前野 隆司

Chap.4
「ありのままに」力を高める幸せスイッチ

プロローグ

はじめまして。前野マドカです。

慶應義塾大学大学院で幸福学を科学的に研究する夫、前野隆司と共に、幸せのメカニズムを解明し、そのメカニズムを使って世界中を幸せで満たしたい、という野望を抱いています（笑）。

なぜ、そんな野望をもったのか……。


２００1年に夫のハーバード大学での研究のため、家族で渡米していたときのことです。当時、子どもたちは1歳と5歳。私は二人を連れて、大学近くの公園へ通う日々を送っていました。

そこで顔見知りになったのは、世界中からハーバード大へ学びにきていたママたち。

「マドカの夢は、なに？」と聞かれ、「この子たちを立派に育て上げることかな」と答えました。

私の返答を聞くや否や、あきれ顔で「それは、あなたの仕事の一部であって、夢じゃないでしょう。マドカ自身の夢はないの？」と言われ、人生で一番の衝撃を受けました。

その出来事がきっかけとなり、私と同じような状況にいるママたちに、ママになる前の女性たちに、いえ、女性だけでなく男性を含む全世界の人々に、人生で一番大切な本当の意味での幸せな人生を送るということを伝えるべく、幸せの研究を始めることになったのです。

「長続きする幸せ」と「長続きしない幸せ」がある

では、早速、幸福学の基本をお話ししましょう。

皆さん、幸せには2種類あることをご存知ですか？

「長続きしない幸せ」と「長続きする幸せ」です。

追い求めすぎないほうがいいのが「長続きしない幸せ」であり、**お金やモノや地位**を追い求めることから得られる幸せです。

テストには出ませんので覚えなくても大丈夫ですが、専門的には、**「地位財」**と呼ばれています。

地位財は、周囲との比較で満足度を得るものです。

「あの人よりお金持ちになりたい」「高い地位に就きたい」と求めるのです。

しかし、たとえ、ある人よりもお金持ちになって、一瞬は満足したとしても、上には上がいます。だから、さらに上を目指したくなります。

いつも「もっと、もっと」と考えてしまうので、なかなか満足できません。

逆に、追い求めたほうがいいのが「長続きする幸せ」です。

要素としては、**社会の状態（安全、良好な環境など）**、**身体の状態（健康）**、**心の状態（自由、愛情など）**があり、**「非地位財」**といわれます。他人との比較とは関係なく得られるものです。

一度まとめましょう。

幸せは2種類

●追い求めないほうがいい幸せ ↓ 長続きしない

「地位財」（お金・モノ・地位など）です。いくら求めてもキリがありません。

●追い求めたほうがいい幸せ ↓ 長続きする

「非地位財」（安全・良好な環境・健康・自由・愛情など）です。確かな喜びが手に入ります。

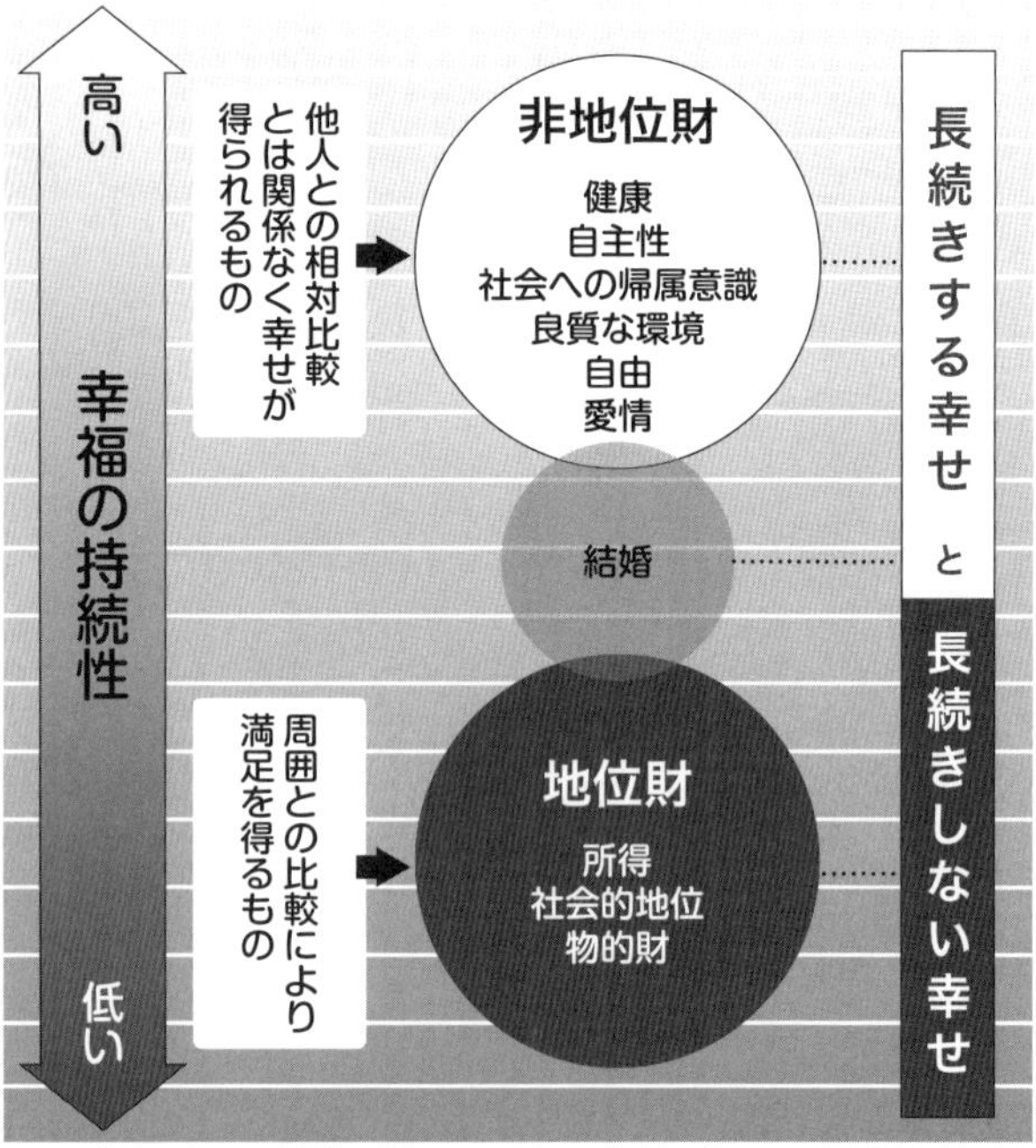

『目からウロコの幸福学』（ダニエル・ネトル：著／オープンナレッジ刊／2007年）より

収入にこだわる人はいつまでも幸せになれない

お金は大事です。なければ生活ができません。

では、**お金がたくさんあればあるほど幸せかというと、そうとは限らない**のです。こだわりすぎると、幸せが遠のいてしまうのです。

ノーベル経済学賞を受賞したアメリカのダニエル・カーネマン博士らは、2010年に次のような研究成果を発表しました。

「年収7万5千ドル（約900万円）を超えると、収入と幸せは比例しなくなる」

収入はある程度あれば満足感がありますが、決してお金で幸せを買うことはできないのです。

幸せな国として有名なブータンにいたっては、約20万円が基準となっています。

「そうはいっても、国が違うと、価値観も違うのでは？」

と思った方がいるでしょう。するどい！　とてもいい疑問です。私たちもそう思って調査をしてみました。すると日本でも年収の高い層では、金額と幸福度の間に相関関係は見られなかったのです。つまりお金があっても幸せではない、ということです。

一方で日本人は、「もっと多くの財産があれば幸せなのに」と思う人の割合が65％もあります（カンター・ジャパン調べ）。フランスは35％で、アメリカに至っては、わずか16％です。世界的にみると、**日本人はお金持ちのはずなのに、もっとあったほうがいいと考えている**のです。

ただ、お金をいくら求めても幸せは長続きしません。

そこに人生の大切な時間や心を注ぎ込むのは、もったいないですよね。ちょっと視点を変えれば、幸せな人生が待っているのですから。

お金と幸せの関係

ある程度のお金は必要だが、一定額を超えると、幸せとの相関関係はなくなる。
お金で幸せを買うことはできない。お金による幸せは長続きしない。

「幸せの4つの力」を高めるのが、幸せな人生への近道

では、どうすれば、長続きする本当の幸せを手にできるのでしょう。

私たちの研究室では、次の4つの力を高めることで、長続きする幸せを得られることを明らかにしました。

長続きする幸せを得る「幸せの4つの力」

①「やってみよう」力（自己実現と成長の因子）

夢や目標、やりがいを持ち、それを実現させようと自ら成長すること。

人との比較の中での夢や目標でなくても構いません。自分らしい夢や目標を打ち立てて、その実現に向かって、行動を起こし、成長している人が幸せです。

②
「ありがとう」力（つながりと感謝の因子）
他者を喜ばせたり、支援すること。
家族や友人たちなど人とのつながりを感じること。
いろんなことに感謝して、利他的（ほかの人の幸せを考えられる）であること。多様な友人をもっていることが幸せにつながります。

③
「何とかなる」力（前向きと楽観の因子）
物ごとに対して常に楽観的でいること。自己肯定感が高いこと。
自分が成長したり、人に感謝するときに、楽観的であることは大切です。相手を許せたり、「自分ならなんとかできる」と思うことができている人は幸せです。

④
「ありのままに」力（独立とあなたらしさの因子）
周りの人と比べず、自分らしく、あるがままでいること。
人と比べたり、人の目を気にしないで、行動していると、地位財にも目が向かなくなります。自分らしく生きていれば、幸せになれます。

幸せの４つの力

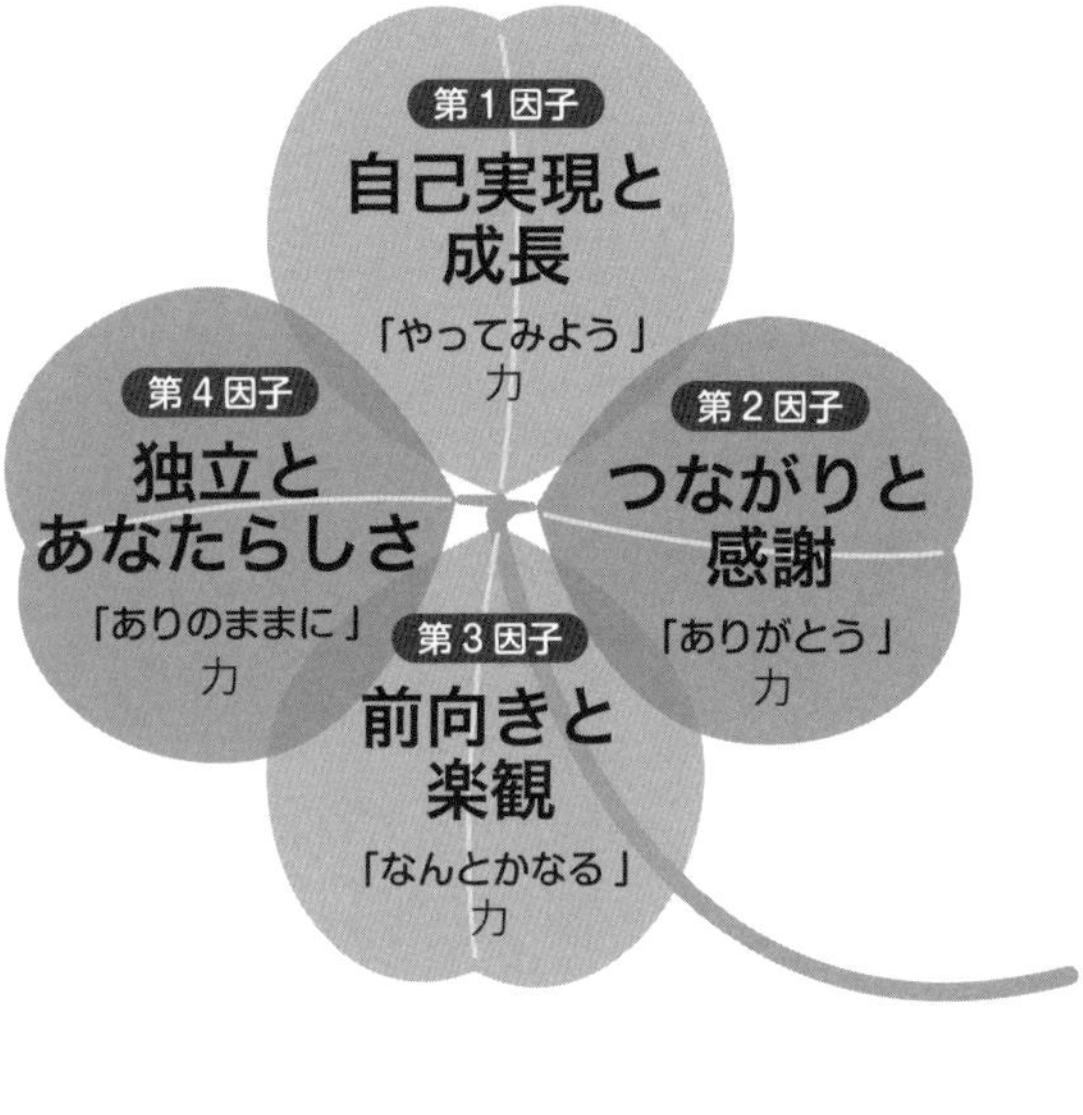

第１因子
自己実現と成長
「やってみよう」力
第２因子
つながりと感謝
「ありがとう」力
第３因子
前向きと楽観
「なんとかなる」力
第４因子
独立とあなたらしさ
「ありのままに」力

あなたの幸せの形を診断してみよう！

幸せ診断アンケート

幸せの４つの力、ご理解いただけましたか。ここで、あなたの幸せの形を診断してみましょう。次のアンケートに答えてみてください。私たちがオンラインカウンセリングcotreeと一緒に行った調査の平均値と比べてみましょう。

あなたについての以下の質問で当てはまる番号に○をご記入ください。

	全くそう思わない	ほとんどそう思わない	あまりそう思わない	どちらともいえない	ややそう思う	かなりそう思う	とてもそう思う
1. ほとんどの面で、私の人生は私の理想に近い	1	2	3	4	5	6	7
2. 私の人生は、とてもすばらしい状態だ	1	2	3	4	5	6	7
3. 私は自分の人生に満足している	1	2	3	4	5	6	7
4. 私は有能である	1	2	3	4	5	6	7
5. 私は社会の要請に応えている	1	2	3	4	5	6	7
6. 人の喜ぶ顔が見たい	1	2	3	4	5	6	7
7. 私を大切に思ってくれる人たちがいる	1	2	3	4	5	6	7
8. 私はものごとが思い通りにいくと思う	1	2	3	4	5	6	7
9. 私は学校や仕事での失敗や不安な感情をあまり引きずらない	1	2	3	4	5	6	7
10. 私は自分のすることと他者がすることをあまり比較しない	1	2	3	4	5	6	7
11. 私に何ができて何ができないかは外部の制約のせいではない	1	2	3	4	5	6	7

		あなたの値	cotree の値
幸福度（人生満足尺度）	1＋2＋3	□	13.8
「やってみよう」力	4＋5	□	8.7
「ありがとう」力	6＋7	□	11.9
「なんとかなる」力	8＋9	□	8.3
「ありのままに」力	10＋11	□	9.2

あなたの４つの力の分布はどんな形でしたか？　低かったところがあっても心配無用です。これからもっと幸せになっていくポテンシャルを秘めているということですから、本書を読んで幸せ度をアップしてください。

意識や思い込みを切り替える「幸せスイッチ」を使いこなそう

「幸せの4つの力」のこと、なんとなくおわかりいただけたでしょうか。

はい、今の段階では、「なんとなく」でOKです。この後にも出てきますが、細かいことは気にしないほうが、幸せになれるのですから。

さて、「幸せの4つの力」といっても、どんなときに、どんなふうに振る舞って「幸せの4つの力」を高めればいいのか、わからない方が多いと思います。

実はちょっとしたコツがあるのです。

次のような話を耳にしたことはありませんか?

コップの中に水が半分あります。「水が半分もある」ととらえるか、「半分しかない」ととらえるか。ポジティブな思考の持ち主は自然に前者のように考えます。

幸せ度も同じです。ちょっとした考え方の切り替えで、ぐっと度数がアップします。でも、その切り替え方が分からないために、幸せの方向に進めない人が意外と多いのです。

本書では、幸福に関する研究データを提示しながら、ネガティブの象徴としての「月曜日」を楽しく過ごすための、意識や心の切り替えに使える「幸せスイッチ」をたくさん紹介しています。

いつも私が使っているパワフルなスイッチです。ぜひ積極的に取り入れてみてください。

本書を読み終わる頃には、多くの人が幸せな考え方ができるようになり、本物の幸せを手に入れられることを心より願っています。

Chap.1

「やってみよう」力を高める幸せスイッチ

Sunday Monday Tuesday Wednesday Thursday Friday Saturday

QUESTION

01

社長と平社員、どちらが幸せ？

最初の質問は、地位に関する選択肢にしてみました。

スポーツ選手、パイロット、看護師さん、学校の先生、ケーキ屋さん、などなど。最近の小学生が就きたい職業から人気のものをピックアップしてみましたが、あなたが子どもの頃に望んでいた夢は今かなっていますか？

社長になるのが夢という人もいるでしょう。ですから、社長と平社員なら「それは社長のほうが幸せでしょう」とほとんどの人が思うかもしれません。けれども、この質問で大切なのは、その選択が夢や目標の通過点と到達点のどちらにあるかということです。

そういった意味では社長でも平社員でも大差はありません。ただ、一度トップになってしまうと、人はまた一番を取らないと満足しません。それは周りの見方も同じです。すると大きなストレスが生まれ、それに押しつぶされてしまうことがとても多いのです。ですから、単純にトップをよしとするのは少し危険な考え方だといえるでしょう。

大石博士とディーナー博士の研究によると、成績と幸福度には正の相関があって、もっとも成績がいい人よりも、次に成績のいい層のほうが幸福度が高いことが知られています。田中ウルヴェ京さん（１９８８年のソウル五輪シンクロナイズドスイミング・デュエット、メダリスト）の体験は、このデータに近い話になるでしょう。彼女はメダリストですが、メダル獲得後はストレスに悩まされ、それがきっかけでコーピング（ストレス対処行動）を勉強し、トレーナーになったといいます。彼女はこう言っています。

「メダルを取ると、自分を追い越そうとする人たちばかりがいるというプレッシャーや脱力感、到達感でうつ状態になることもある」

トップになってしまうと、周囲の期待など、待ち構えている心の負担が大きすぎて、それに見合うほどの幸せを感じることはなかなか難しいというわけです。

夢や目標は人生の一つの通過点に過ぎない

オリンピックはあくまで例え話ですが、日常においてもこうしたストレスが幸せへの道を塞いでしまっている場合が多々あります。夢や目標に向けてとことん頑張りすぎる人をよく見かけます。あなた自身も身に覚えがありませんか？　夢や目標の達成を第一に考えて生活するようになる状態です。友人や恋人もつくらず、遊ぶことも我慢して、すべての時間をそれに捧げる、といった感じです。決して悪いことではありませんが、こうした状態は、夢や目標にたどり着けなかったときや挫折してしまったときに立ち直るのが非常に難しく、大変危険だとされています。同様に、一流大学や一流企業への入学・入社自体などをゴールにしてしまうと、落ちたとしても入れたとしても、そこで動機を失って燃え尽き症候群になってしまいかねません。

こうした意識に陥らないようにするために**「夢いっぱいスイッチ」**をオンにしてください。次のように考えるのです。長い人生で、大会で優勝したり、一流大学や一流企業に入ったり、重要な役職に就くことは、一つの通過点に過ぎないのだと。そう心を整えておき、その先自分はなにをしたいのかという夢や目標がきちんとあれば、挫折があっても乗り越えられます。自分が目指すゴールをたくさん持つようにしてください。飽き性、移り気だと思われたって構いません。最終目的をたくさん決めておき、なにか一つのことだけにすべてを掛け過ぎないようにするのです。夢は一つでなければいけない、などという決まりはありません。様々な目標を持って、そこからどうしたいのかを思い描きながら過ごすようにしてほしいのです。

「ライバルは昨日の自分」というように、他人と自分を比較しないゴールを持つのもオススメです。短距離走で例えるなら、ほかのだれかではなく、昨日の自分の記録よりも1秒早くなろうという意識を持って、自分と競い合うほうが幸せ度は高くなります。

明日の自分
ライバルは自分！
今日の自分
昨日の自分

夢いっぱいスイッチ

社長でも優勝でもその場所が夢の通過点であれば幸せです。トップになるのは悪いことではありませんが、そうでなければダメだという意識をスイッチで切り替えましょう。その先なにをしたいのかを常に自分に問い掛けて探すようにしてみてください。夢も趣味も複数持ったほうが幸せです。

マドカの
Happy Monday
コラム

夢を見つけるワーク

「毎日が楽しければ、それでいい」という人もいますが、夢や目標を持って生きていくことは幸福を目指す上で大切なこと。「やってみよう」力です。ユストゥス・リービッヒ大学のブルンスタイン博士は、目標達成が幸福観に影響することを明らかにしました。私たちの研究でも、夢を描くワークをしたところ幸福度が高まることがわかっています。

そもそも夢とはなんでしょうか？

私は「想像するだけでワクワクすること」だと思っています。ちょっと考えてみてください。あなたにとってワクワクするようなことはなんでしょうか？　夢はたくさん持ったほうがいいというお話をしましたが、まずは見つけないことには先に進めませんよね。もし夢がわからない場合は自分との対話をしているとわかるようになります。毎日の生活に流されず、自分が本当にしたいことはなんなのかを自分自身に問いかけてみるのです。

自分との対話といわれてもピンとこなければ、次のようなワークをしてみてはいかがでしょうか。

考えるとワクワクすることを、身近なものから壮大なものまで、3つ書き出してください。できれば、そのポジティブな理由や背景も書き出します。例えば次のような感じです。

①　結婚する…支え合う人がいることはステキだから
②　沖縄に旅行に行く…亀と一緒に泳いでみたいから
③　国際弁護士の資格を取る…世界を舞台に活躍したいから

自分が心からしたいことがなにかわかると夢につながり、それに向かって努力できるようになります。夢の大きさは関係ありません。小さい夢でも持っていることが大切なのです。そして、夢が一つ見つかったら、次の夢をまた探しにいきましょう！

Sunday | Monday | Tuesday | Wednesday | Thursday | Friday | Saturday

QUESTION

02

山の頂上と山腹、登山中に記念撮影するなら？

今回は結果と経過、どちらを重要視しているかという質問です。

とある企業で社長を務めている友人の話です。彼は会社のイベントとして社員と一緒に富士山に登るのだそうです。驚いたことに、そのときには全員が仮装するのだとか。理由を聞いたところ、面白い答えが返ってきました。

頂上でご来光を拝んだり、絶景を見ることを登山の目標にしたなら、もし曇っていたときの思い出が「がっかりしたもの」になってしまうから、だそうです。ですから、「登るというプロセスを楽しむことが目的なんです」と彼は話していました。確かに、皆で励まし合いながら、仲良くわいわいと登った末に頂上にたどり着いたのならば、たとえ天候が悪くても「皆で楽しんだ」という印象のほうが強く残ることになり、達成感も得ることができます。

この登山を行う目的は、学んだことを社員が仕事で生かせるようになることだそうです。たとえ社員が売り上げ目標を達成できないときがあっても、プロセスを楽しめていれば次にまた元気で頑張ることができる、というように。

そんな話を聞いて思い出したのがＵＣＬＡのリエン博士らの研究です。これは、なにかを達成した後の姿よりも、達成するまでのプロセスを思い浮かべるほうが物事の成功確率が高くなる、というもの。**「結果より過程スイッチ」**です。富士山登山は、このスイッチを友人が無意識のうちに押していて、途中の景色や風景を見て励まし合いながら楽しもうという気持ちで臨んでいるからこそ、皆が頂上までたどり着くことができているのでしょうね。

過程を励ますほうが人は成長する

もう一つ特筆すべき研究結果があります。それは結果を褒めるよりも、過程を励ますほうが人は伸びる、というスタンフォード大学のドゥウェック博士によるものです。ここでの対象は子どもですが、もう少し大きな学生に対しても、テストで１００点を取ったときに次のように言うケースは多いと思います。

1．「１００点を取ってえらいね」
2．「１００点を取るまでよく頑張ったね」

この二つは似ているようで実は影響力がまるで違います。1の場合は「100点＝えらい」とインプットされるので、楽をしても、ずるをしても、今後100点を取ろうとしてしまいがちです。しかし、2の場合は「頑張った」プロセスを褒められているので、また頑張ろうとするのです。

仕事でも同じことです。結果を出そうとする人に育てるより、頑張る人に育てるほうが最終的に社員が幸せになり、会社もうまくいくものです。自分自身に対しても、スイッチを押して、結果を褒めるのではなく、そのために頑張った自分を褒めてあげるようにしてください。

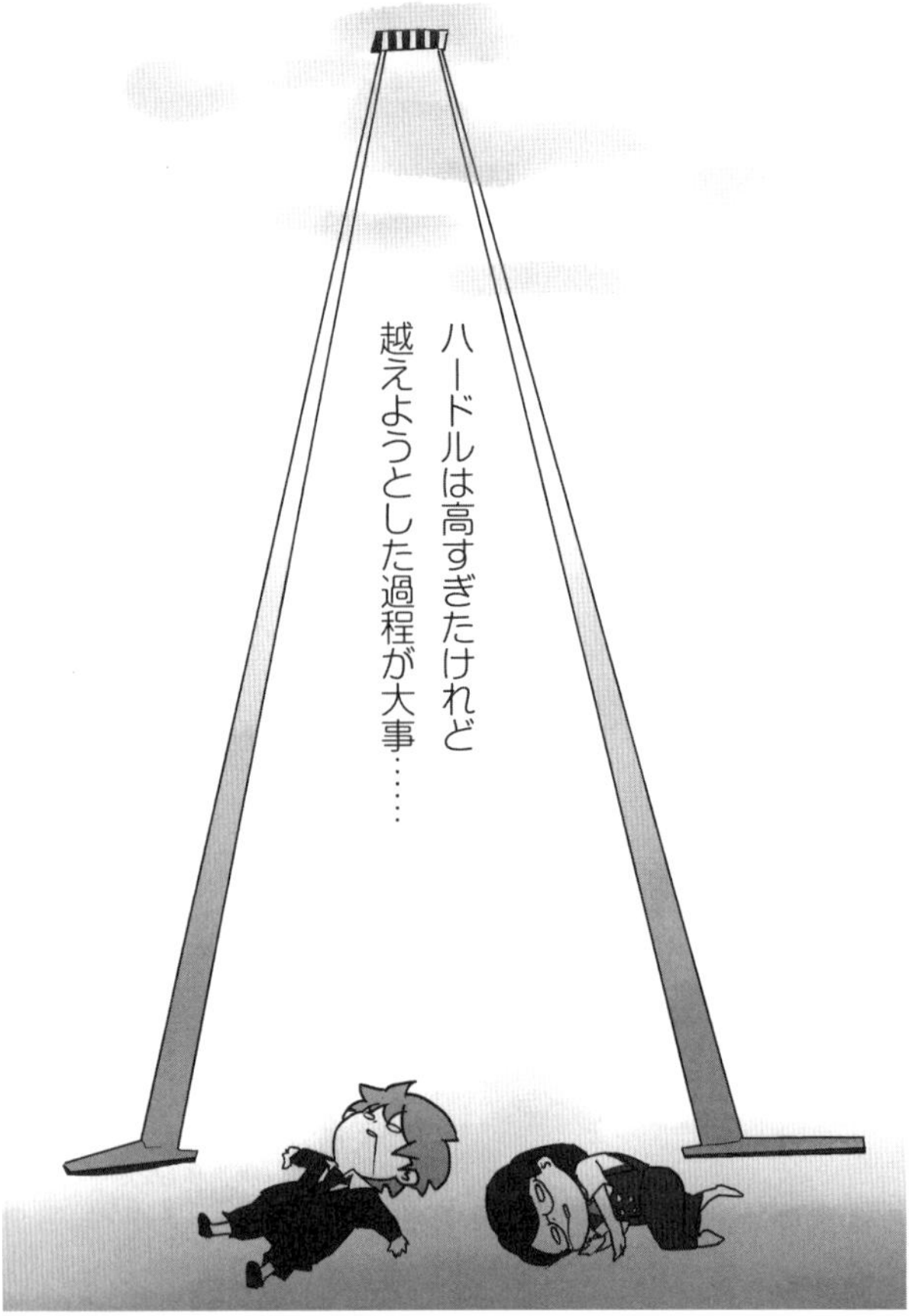
ハードルは高すぎたけれど
越えようとした過程が大事……

結果より過程スイッチ

いろいろな行動に結果はつきものですが、結果がどうあれ取り組んだことが大事。過程重視ですので登山の撮影をするなら山腹ですね！　ずっと後になるかもしれませんが、結果は自然とついてきます。そして、大体において、その結果は想像する以上のものであることが多いのです。つい結果に目がいきそうになったら、このスイッチをオンにしてみてください。

マドカの
Happy Monday
コラム

結果にとらわれるのは人生の無駄遣い

取り返しのつかない失敗や結果について、いつまでもクヨクヨしているのは時間の無駄です。私は小学生のときに、こうした考えを父から学びました。

高学年の頃だったと思います。猛勉強して算数のテストに臨んだことがあり、100点の自信がありました。ところが、あろうことか0点だったのです。

理由は、単位をつけ忘れていたから。解答欄に「100分」と書くところを「100」しか書かなかったので、計算は合っていたのですが、すべてに「×」がつけられていました。いつも単位は解答欄の外に書いてあったので、すっかり油断していたのです。

あまりにも悔しくて、計算は合っているから○にしてほしいと先生に直談判に行きましたが、「正確な答えではないから×。今度から気をつけるように」とだけ言われました。それでも納得がいかず、しばらくそのことばかり考えていました。父は、そんな私を見かねてこう言いました。

「先生にも言いに行って、やるべきことはやった。考えてどうにかなるものなら考え続けてもいいが、もう結果が出て**考えても結果が変わらないことなら考えるのをやめなさい。時間の無駄だから。**気持ちを切り替えて、次からどうするかを考えなさい」

その言葉で、私は得心が行きました。以来、似たようなことに直面したときには気持ちの切り替えがスムーズにできるようになりました。今も、変わらない結果のことをクヨクヨ考え続けるのは、人生の大切な時間の無駄遣いだと思っています。一秒一秒を充実した時間にするために、結果にとらわれるのはやめましょう。

Sunday Monday Tuesday Wednesday Thursday Friday Saturday

QUESTION

03

手作り弁当と
お店の日替わり定食、
月曜日のランチは、
どちらにする？

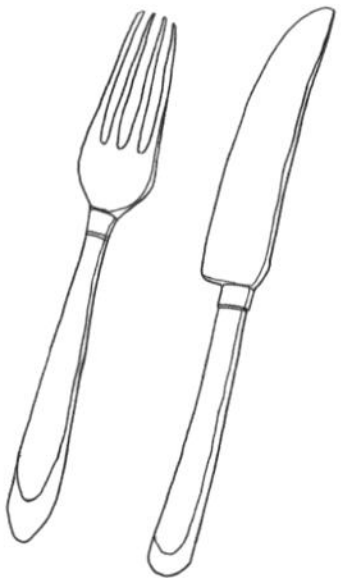

今回の質問は簡単でしたか？　それとも難しかったでしょうか？　答えは手作りのお弁当になります。

テレビを見たり服を買うだけなどの物質的消費よりも、コンサートや旅行などの体験的な消費のほうが、幸福感に強く影響すると提唱したのはエラスムス大学のヴィーンホヴェン博士。ほかにも、「なにか物を購入したり見たりするよりも、〝体験する〟ほうが幸せ」という、いくつもの研究結果があがっています。そう、ここで紹介するのは**「体験スイッチ」**というわけです。

手作り弁当には、体験という要素がたくさん隠されているといっていいでしょう。外食やコンビニなどで買った食事は「（店やおにぎりなどを）選んで食べる」という体験しかもたらしません。しかし、自分で作る場合は、調理法を調べる、買い物に行って材料を選ぶなど、体や脳や五感を使うシーンが圧倒的に多くなります。それがおにぎりなら、ご飯を炊いて、具を入れて、握って食べるところまで。すると食べる喜びや作る喜びに加えて、記憶を含めた体験を体が覚えていくため、その分記憶も長く続き幸せ度も高まるのです。

私も以前は子どもたちによくお弁当を作っていました。何品か惣菜を作り、プチトマトなどを添えるなどして彩りよく整え、「これで完璧！」と思って娘や息子に持たせていました。娘はとても喜んでくれましたが、息子はちょっと気に入らないようでした。「もっと茶色のお弁当がいい」というのです。意味がわからず最初は「え!?」とびっくりしたのですが、よくよく聞いてみると「お肉ぎっしりの焼肉弁当のようなものがいい」とのことでした（笑）。ですので、ときにはリクエストに応えるようにもしていました。今では子どもたちも大きくなり、お弁当作りも卒業したので、懐かしい思い出になっています。

初級ミッションはコンビニ弁当の詰め替え作戦

私は料理が好きなこともあり、お弁当作りは楽しいものでしたが、あまり好きでも得意でもないという人もいるでしょう。そこでなにかいい方法はないかと考えてみました。

それは、お弁当の詰め替え作戦！　冷凍食品やデパ地下のお惣菜を活用するなど、出来合いのものを詰めるだけです。それも大変なら、コンビニのお弁当をそっくりそのままランチボックスに入れ替えるところからスタートしてもOK。買うだけよりも、詰めるという体験の工程が増えますので、幸福学的にはこんな行動でも（最初のうちなら）バッチリです。

「今日はお弁当を作ってきたんですか？　すごいですね！」と職場の同僚の目もきっと変わるはずです。周りの見る目が変わると自分も変わっていきます。正直に「お弁当を詰め替えただけ」と言ってもいいし、なにも言わないで笑って済ませてもいいでしょう。慣れてきたら、おにぎりだけは作ってみるとか、だんだんステップアップしていけばいいと思います。

なにかをだれかに作ってもらったり、買って済ませるというのは、時間も手間もかからず確かに簡単で魅力的です。華やかだったり刺激的だったりして、その場では幸せな気分を得られるでしょう。それに比べて作る体験をするというのは、自分から積極的に動く必要も出てきますので、面倒な面もあると思います。でも、そう思って**購入することばかりを選択していては、残念ながら心は豊かにはなりません。**それは自分だけでなく、そうして得たものを受け取る相手も同じです。あることに対して、**もし「購入」と「体験」という選択肢があったなら、これからは少しでも体験することができるものを選んでみてください。**絵画なら鑑賞するだけでなく実際に描いてみる、パートナーにプレゼントを買う代わりに一緒にどこかへ出掛けるなど、少しでも体験することが増えるように行動してみてくださいね。

じゃ〜ん
カップめん弁当！？

体験スイッチ

購入より体験。私たちの研究では、音楽、絵画、ダンス、陶芸などの美しいものを見るよりも、それらを創造するほうが主観的幸福度が高い傾向にあることを明らかにしました。ハワイに住む私の友人などは、ご主人からの誕生日プレゼントはいつもモノではなく旅行だと話しています。美しい思い出をつくるのも幸せのための体験ですね。

Sunday Monday Tuesday Wednesday Thursday Friday Saturday

QUESTION

04

エスカレーターとエレベーター、利用するならどちら？

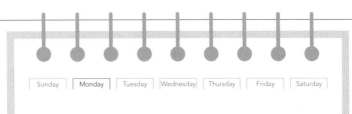

あなたが向かうのは駅のホームやビルの中にあるオフィスでしょうか。答えとしては、どちらを利用しても構いません。けれども、こうした選択肢は一日の中にたくさん出てきます。コーヒーと紅茶、メガネとコンタクトレンズ、電話とメールなどなど。もし、小さなことでも、なにかにつけて決めるまで戸惑ってしまう傾向があるのなら、ここでの話が役に立つと思います。「迷い」「悩み」は人の幸せを妨げるものの一つです。実際に、迷ったり悩んだりすることの少ない人ほど幸せという研究結果は、カウンセリングや精神医学の分野でたくさん得られています。

では、どうしたらいいのでしょうか。

「迷い」に対する一番シンプルな方法は、**決めることをできるだけ少なくして生活すること。**

「マイルールスイッチ」を入れて自分ルールを発動させるのです。

例えば、服や食事なら、あらかじめ「ローテーションを決めてしまう」といいでしょう。アップルの創業者、スティーヴ・ジョブズは黒のタートルネックにジーンズというスタイルが定番でしたね。もともとは、１９８０年代初めに日本のソニーの工場を見学したときに、スタッフが制服を着ていたことに感銘を受けて、アップルでも制服を導入しようとしたのがきっかけといわれます。個人主義の国アメリカで制服は受け入れられませんでしたが、定番のスタイルというものが、朝の一番貴重な時間に「今日はなにを着て行こうか」という迷いを取り除くものだと、彼は知っていたのかもしれません。ちなみに、あのオバマ元アメリカ大統領も着用するスーツをほとんど紺かグレーと決めていたのだとか。また私の友人などは、毎日肉と魚を交互に食べると決めているので、献立を考えるときに必要以上に考え込むことがないそうです。

ローテーションの事例ではありませんが、私の夫は「どの書類を持っていけばいいか」と出掛ける前に迷わないように、進行中のプロジェクトや研究に関わる書類をすべてカバンの中に入れて持ち歩いています。かなり重たいカバンですが、打ち合わせで忘れ物をすることはないし、朝も一瞬で出掛けられると言っています。カバンが重いことも体力作りだと思えば悪くないとか。

「あれがない。どうしよう……」「これがなくて困った」といった状況に陥らないように、普段から必要になりそうなものは、すべて持ち歩くというのも、有効なマイルールなのかもしれませんね。（身軽でなくていいならですが！）

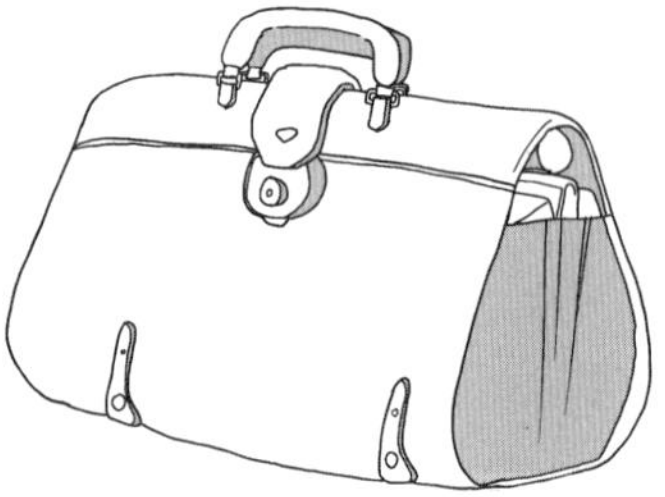

頭の中の「見える化」でモヤモヤを吹き飛ばす

ここまでは「迷い」寄りの話をしてきましたが、「悩み」についても触れましょう。私の場合は、**モヤモヤした悩みが出てきたときは、次のようにして一旦整理する**ようにしています。

① 頭にあることをすべて紙に書き出す。
② それぞれについて以下を検討する。
「どうやって解決すればいいか」
「だれに相談すればいいか」
「いつまでに解決しなければいけないか」
「解決するのにどのくらいの時間や費用（コスト）が掛かるか」
③ すべきことの優先順位を決める。
④ いつ実行するかスケジュールを立てる。

頭の中の可視化（見える化）です。頭の中の棚卸しとも言えますね。ここまですると、**混乱していた頭の中が整理できますし、書き出すことで意外と大したことはなかったと気づき、心が落ち着いてすっきりする**ことも多いのです。

　仕事や勉強、家事などのボリュームが多くてどうしたらいいか分からなくなったとき、新しいプロジェクトが始まったとき、転勤や部署異動などで新しい環境に慣れず自分のペースがつかめないなどで、つまずいて悩んだりしてしまったときは、一度、頭の中にあるものを書き出して可視化するといいでしょう。そして、そこから迷いの原因となっている選択肢を減らしていってみてください。すっきりして「やってみよう」力が高まります。

マイルールスイッチ

エスカレーターでもエレベーターでも階段でも、迷わず決められたのならどれを利用しても構いません。ただ規則正しい生活をするとセロトニン（幸せホルモン）が増えるという研究結果があります。悩みや迷いに振り回されがちなときは、自分なりの定番の習慣をつくるようにすると効果的でしょう。想定外のことに振り回されすぎないことは、安定した心につながります。

Chap.2

「ありがとう」力を高める幸せスイッチ

Sunday Monday Tuesday Wednesday Thursday Friday Saturday

QUESTION

05

後輩の作業が締め切りまで間に合いそうもありません。引き受けますか？見守りますか？

新しく入ってきた会社の後輩。もう半年も経つのに、電話に出れば敬語の使い方がトンチンカンだし、コピーを頼めば設定を間違えてミスコピーの山、配信予定のメールマガジンを書かせてみればたくさんの誤字脱字が。「いったい、どうしたらそんな間違いができるのか？」と首をかしげたくなるミスを連発……。実際にそんな後輩を持ったら、頭を抱えたくなるかもしれません。その分、仕事のしわ寄せがくる可能性もありますから。

でも、そこで怒ってしまうのは逆効果。自分もイライラしてしまうし、そのイライラをぶつけてしまったら、相手は萎縮して、さらに失敗を重ねてしまうかもしれません。

そんなとき、ポジティブに指導する、手伝うなど、いろいろな対処法がありますが、ここでは究極のスイッチの一つを紹介しましょう。**「信じるスイッチ」**です。

現実的に今はできていないとしてもこう思うようにします。「いつかはできるようになる！」と。対象が部下なら上司が、子どもなら親が、「いつかはできるようになる」と、とにかく信じることでグンと成長する可能性が高くなります。

この「信じるスイッチ」の基になっているのは「ピグマリオン効果」というもの。１９６４年、アメリカの教育心理学者ロバート・ローゼンタール博士によって提唱され、「教師期待効果」「ローゼンタール効果」とも呼ばれています。教師が期待した生徒と期待しなかった生徒の間で実験を行ったところ、成績の伸びの違いが顕著だったことから、**相手に期待することが相手の成長を決定する要因になる**ということが明らかになったのです。褒めて伸ばすという指導方法もよく耳にしますが、この考え方に近いといえるでしょう。

100%心から信頼すると相手は変わる

既述しましたが私の夫は幸福学研究のエキスパートです。夫はなんと自分の息子で、このピグマリン効果を実証しました。

長男が小学生の頃のことです。テスト前になってもゲームで遊んでばかりいたので、私は多くの母親がそうするように、「それは今やること?」「ほかにやるべきことがあるんじゃないの?」と毎日たしなめていました。それでもやめないと、「いいかげんにして!」と少し声を荒げることもありました。

しかし、夫は息子が小さい頃から一貫して怒ることがなく、どんなときでも笑顔でやさしく接していました。ゲームをやっているときでさえ、こんなふうに話しかけていました。

「君が自分で納得して選んだことなら大丈夫だね。お父さんは君が選ぶものを信じているから。試験前にゲームをやっているなんて、将来大物になるよ」

それは決して嫌味な感じではなく、本当に心からそう思って語りかけていたのです。

私は「ゲームで遊んでばかりいるのに大物になるなんて。なんの根拠があってそんなことを言うの」と夫に詰め寄ったことがあります。するとこんな言葉が返ってきました。

「心の底から本当に信頼していたら、人は変わるから大丈夫」

夫の言葉を信じたい一方で、母親としては息子が心配な気持ちもあり、内心やきもきしながら、しばらく過ごしました。中学時代も息子は変わることはなく、私の不安は続きました。

ところが、驚いたことに、高校生になると息子はガラッと変わって、自分から一生懸命勉強をするようになりました。無事大学に進学した後に、息子がこんなことを言いました。

「父親が小学生の頃から100%子どもを信頼するのはいい教育方法だと思う。だから好きなことができたし、いつも父の信頼に応えようとしてきた。自分もいつか親になったら、父のように子どもを育てたい」

その言葉を聞いたとき、私はようやく、「夫の教育方法は間違っていなかった」と確信し、「ピグマリオン効果」の大きさを実感しました。息子はまだ大学生ですが、親から100％信頼されて育った彼が、将来どんな道を歩んで成長を遂げていくのか、本当に楽しみです。

「成長」は幸せ度を高める重要因子の一つです。成長を感じられるほど、人は幸せを感じます。私の子どもも、自分の成長を感じることで幸せを感じたことでしょう。そして、人を成長させるためのポイントの一つが相手を信じること。でも、ただ信じるだけではありません。大事なのは**100％信じ切ること**です。

100％信じ切ると、あなたの脳から出てくる言葉が変わります。言葉が変わると、それが相手に響きます。だから相手が変わるのです。

信じ切るとコミュニケーションの質が変わりますから、絆の強化や「ありがとう」力の向上にもつながります。

信じるスイッチ

要領の悪い人がいても、すぐに怒ったり、残りをあなたがすべて引き受けることは逆効果。とにかく「きっと成し遂げる」「いつかはできるようになる」と信じる意識を持ってみてください。頼りなかった後輩もやがては右腕のような存在となり、慌ただしい月曜日の仕事だってスムーズに終わらせてくれるかもしれませんよ。

Sunday | Monday | Tuesday | Wednesday | Thursday | Friday | Saturday

QUESTION

06

最近、嬉しかったことはなんですか？

「ありがとう」という感謝の気持ちをいつも持つことは、とても大切です。幸福感が得られ、嫌なこともそれと認識しづらくなります。ですから、感謝することは毎日を幸せに過ごすための近道です。

今までいろいろな人に「どんなときに幸せを感じますか？」と聞いてきましたが、「宝くじに当たったとき」「海外旅行に行ったとき」「好きなアーティストのライブに行ったとき」など、なにか「特別なことが起きたとき」を思い出して回答される方がほとんどでした。皆さんは、どうですか？　もちろん、それも幸せであることに間違いないでしょう。ですが、ちょっと頭を切り替えてみましょう。

宝くじが当たる確率は何％でしょうか？　海外旅行に行けるのは一シーズンに何回？　好きなアーティストのライブに行けるのは一年に何回でしょう？

このように眺めてみると、「特別なことが起きたとき＝幸せ」と思っている場合、時々しか幸せ気分を味わえないことになることが分かります。逆に、**「些細な嬉しいことが起きたとき＝幸せ」**と思っていると、いつも幸せ気分でいられるというわけです。私は、こう感じることができるような人のことを、幸せ体質の持ち主と読んでいます。

脳は無意識のうちに情報を集めている

幸せ体質であれば、道路に咲いている花を見て、「きれいな花を見られて幸せ」「平和に過ごせて幸せ」と感じることができます。つまり日常の些細なことや平凡に思えることにも幸せを見い出すことができ、一日のほとんどの時間を幸せ気分で過ごせます。

こんなふうに幸せに敏感になるための〝体質改善〟はとても簡単です。毎日寝る前に**「その日にあった感謝したいことを3つあげる」**こと。たったそれだけです。

「上司が褒めてくれた。見ていてくれた上司に感謝」「満員電車のおかげでイケメン（美人）の近くに居られた」「おいしいごはんが食べられた。作ってくれた人、ありがとう」「忘れ物をしなかった。気づいて良かった」「間に合わないと思っていたバスに乗れた。渋滞で助かった」

どんな些細なことでもいいですから、「ありがとう」が言いたくなるようなことを3つあげてみます。紙と鉛筆を使っても、スマートフォンのメモ帳に入力しても、ボイスレコーダーに録音しても構いません。3つあげられない日は1つでもいいでしょう。毎日が難しい人は一日おきなどでもいいので一カ月ほど続けてみてください。

忘れた日があっても気にしないで、できる範囲で大丈夫です。最初はあまり気づけなかった人でも、続けていくうちに、だんだんとなにかしらの出来事を見つけられるようになります。

どうして見つけられるようになるのか？　それは**「感謝スイッチ」**がオンになったことで、脳の働きが切り替わっていくからです。**脳は無意識のうちに自分が興味のあることに常にアンテナを張り巡らせています**。一日に一度感謝したいことを思い出すという行動を習慣にしておくと、「今日はなにか感謝することはないか？」と脳が勝手に探してくれるのです。

課題を与えておくと、脳はこんなふうにいつも意識して考えておいてくれます。脳は賢い働き者。まずは毎日脳に感謝しないといけないですね！

感謝の気持ちが多いほど幸せ度は高まる

「いろいろな人や物事に対して、よく感謝をする人は幸せ」という研究は、これまでにも数多く行われています。「ありがとう」力です。

「毎日感謝していることを3つ書き出す」というレッスンの効果は、私たちの研究でも確認しています。感謝をしていると幸福度が高まるのです。また、後述のマインドフルネス（Q15参照）では、「感謝の瞑想をすると心が整う」としていたり、心理学者のポラック博士らは、感謝が物欲を低下させ、幸福を高める効果をもたらす、という研究結果を報告しています。感謝をすると、脳内物質のオキシトシンやセロトニンが分泌されることも知られています。

感謝していると、優しい気持ちになりますよね。心が整って、寛大な気持ちになります。自分にはなにも取り柄がなくてだめだ、と思うのではなく、自分には感謝する素敵なことがたくさんある、というように、自己評価も高まります。

感謝スイッチの大切さ、お分かりいただけたでしょうか？

感謝スイッチ

幸せ体質を手に入れるために、たまにしか体験できないことだけでなく、平凡な毎日の中の些細なことに喜びを見つけて感謝してみてください。どうしてもしなければいけない嫌なことがあるときも、「ありがとう」ポイントを探してみましょう。そのうち、月曜日にだってたくさんの楽しいことが溢れていることに気づくと思いますよ。

Sunday Monday Tuesday Wednesday Thursday Friday Saturday

QUESTION

07

自分だけでは絶対にこなせない量の作業をすることになりました。１人で頑張る？手伝ってもらう？

「人にお願いする」というのは、仕事であれなんであれ、なかなか気を遣うことです。理由はさまざまだと思いますが、

① 相手も忙しそうだし、迷惑をかけそうだから。
② 頼まれた仕事をやりきれないと、自分に能力がないと思われるかもしれない。
③ 断られたらショックだから。
④ そもそも、この仕事を頼めるスキルのある人がいない。

このあたりが多いのではないでしょうか。

けれども、**明らかにキャパオーバーのときは、自分一人で「どうしよう」と悩むより、だれかの助けを借りたほうが得策**です。なんでも一人で抱え込んでしまう人はうつになりやすいということが研究でも分かっているからです。**「お願いスイッチ」**をオンにできれば、①〜④の理由は解決できることばかりです。

①迷惑をかけそうで心苦しい場合

普段から、積極的に同僚や職場の仲間を助けるように行動してみましょう。与えると、その分、返ってきます。心とはそういうものです。自分がいつも周囲の人に手を差し伸べていれば、自分が助けてほしいときは、自然と相手が助けてくれるもの。普段から頼める人間関係をつくっておくことで、頼みづらさも薄らぐでしょう。

②能力がないと思われるのが怖い場合

人の目は気にしないで。もし、目の前の仕事をやりきれない自分がいたとしても、それは自分のすべてではなく、ほんの一部分にすぎません。そこだけを見られて「無能だ」と想像されたくないから、「自分でやります」と言ってしまうのですが、よく考えてみましょう。どんな人も長所をたくさんもっています。幸せのメカニズム的にいえば、「得意（長所）も苦手（短所）も自分」と認めることが幸せにつながります。ですから、周りからなんと思われようとも、「できないことはできない」と認めて、お願いすればいいのです。

③断られることが心配な場合

先回りしてあれこれ思い込むのはストップ。心理学者の鈴木敏昭氏は『人生の99%は思い込み』（ダイヤモンド社刊）という本を書かれていますが、実際その通りだと思います。私たちは保守的になりすぎて、最悪の事態に備え、必要以上に予防線を張ってしまいがちです。もしかしたら、断られるどころか「ぜひ任せてください」と喜んで引き受けてくれるかもしれません。断られたら、そのときに初めてどうするか考えればいいだけですし、ほかの人に頼んだっていいんです。

④頼めそうな人がいない場合

普段から、あちこちで、さまざまな知り合いをつくっておきましょう。均一で同じような友人・知人とばかり接している人よりも、いろいろな種類の友人・知人を持つ人のほうが幸せになるとされています。よく「友人には弁護士と医者がいたほうがいい」などと言われます。これは極端な例ですが、いろんなジャンルの友人がいたほうが、困ったときに相談したり、お願いする幅が増えるのです（Q08参照）。

「リスト化&トレード」で仕事は幸せに進む

私が同僚に仕事をお願いするときの方法をご紹介しましょう。名付けて「皆が幸せになるプロジェクトの進め方」です。段取りとしては次のようになります。

1 完成までにやるべき仕事を書き出し、優先順位を考える（リスト化）。
2 それぞれどれくらい時間が掛かりそうか書き入れる。
3 スケジュールを立てる。
4 時間が掛かりそうなことや苦手なことは、人に頼めないか考える（トレード）。
5 相手が苦手だと言っていることは、こちらで引き受ける（トレード）。
6 皆が苦手なことは全員でシェアする。

中でも、特に気をつけているのは、4と5にある、仕事をトレードする部分です。やらなければばいけないけれど、自分のスキルでは難しい、あるいは不得意で時間が掛かる場合は、同じプロジェクトのメンバーに、**「苦手なジャンルです」と正直に伝えて、逆に自分の得意なことを多く引き受ける**のです。相手にとっては苦手でも、自分には得意なものがありますから。

例えば、私は夫と一緒に幸福度を高める「ハッピーワークショップ」を企業や一般に広める活動をしていますが、コンテンツを緻密に作るのは夫に任せ、ファシリテーションや営業など、人と接する部分は私が行っています。つまりよく話し合って得意なところを担当しているのです。

もちろん相手が苦手なものはトレードの提案をしません。もし、皆が嫌がる仕事が出てきたら、6にあるように分担します。これだけでも、仕事は驚くほどハッピーに進みますよ。

ドドドドドドド
仕事
仕事
ひょい
仕事
ひょい
仕事
まかせろ
助けて〜〜

「お願いスイッチ」

仕事や課題などをこなすことが、どう考えても無理なときは、周りの同僚や仲間に助けを求めるのも一つの方法です。期待に応えようと頑張る気持ちはわかりますが、臨機応変に使い分けることができるようになれば、なにかと忙しい月曜日だって、早く帰ることができるようになりますよ！

Sunday | Monday | Tuesday | Wednesday | Thursday | Friday | Saturday

QUESTION

08

ピザをオーダーすることになりました。どんなピザを選びますか？

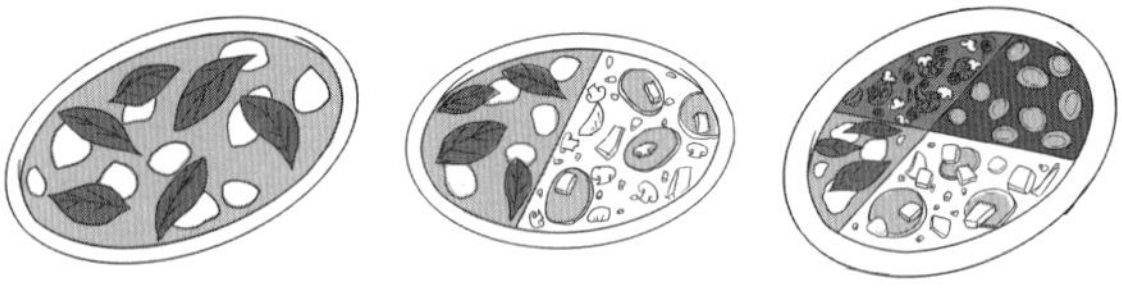

もし、私がオーダーするのなら、間違いなくいろいろな種類が組み合わさったピザにします。一度にたくさんの味を楽しめるから？　それもそうなのですが（笑）、ちゃんと理由があるのです。

その前に、一つお尋ねします。皆さんの友達はどんな人が多いですか？　学生時代の同級生？　会社の同僚？　趣味のサークルで出会った人たちでしょうか？　「類は友を呼ぶ」ということわざもあるように、自分と似たタイプの友人を持つ方は多いかもしれませんね。価値観が近いと話も自然と合いますから幸福感も高いと思われがちです。けれども、実は、慶應義塾大学で私たちが行った研究によると、「Q07」でも少し述べたように、似た友人よりも、多様な種類の友人がいたほうが幸せ、という結果が出ています。京都大学の内田由紀子氏らも、同様の結果を得ています。

もし、友人に同じタイプの人が多いなと思ったら、**「バラエティスイッチ」**をオンにして、いろいろな種類の友人をつくるようにしましょう。そのためには、いつもと違うことをしてみる、例えば、普段とは違う場所に行ってみたりするのもよいと思います。あちこちから人が集まるパーティーや、異業種交流会、勉強会、果ては合コンや女子（男子）会などでもOK。人の集まる場が苦手な人は、「Q17」を参考にしてみてください。パーティーを苦手としていた私の夫がどうやって克服したかについて触れています。

私自身の友人たちは小学生から92歳の老婦人までと本当にさまざまです。また、バリバリのキャリアウーマンも、アーティストで生計を立てている人もいます。数々の出会いが思わぬ幸せを運んでくれることもありました。今までにいなかったタイプの友人ができると、物事を見る視点も違うので刺激も多く、新しい情報も入ってきて、学びも多くなります。バラエティスイッチをオンにして、自分とは違った組織に所属していたり、タイプがまったく異なる友人たちを、この機会に増やしてみてください。

最初にピザの例を挙げましたが、多様な知人と接していると多様な経験をすることになります。食べ物も含めて、多様な経験が心を豊かにしてくれるのです。

バラエティスイッチ

友人は、タイプが多様なだけでなく、数と接する密度が多いほうが幸せだとも言われています。「自分が本当に幸せを感じるのは、心から信頼する、愛している仲間と共に過ごす時間だ」とあるハリウッドスターが言っていたように、そこに信頼が生まれると幸せ度が上がることも明らかにされています。

多様なたくさんの友達と心の通う交流をして、幸せになってください！

マドカの
Happy Monday
コラム

おひとりさまは幸せ？　それとも不幸せ？

今日、日本には、50歳まで一度も結婚したことがない人が男性で4人に1人、女性で7人に1人いるといわれています（2015年国立社会保障・人口問題研究所の調査による）。

結婚適齢期になれば、「結婚したほうが幸せ」と周囲は言ってくるかもしれません。しかし、ずっと一人でいる「おひとりさま」は不幸かというと、確かに、そういうデータもありますが、私は幸せスイッチでくつがえせると思っています。

「いざというときには頼れる人がいたほうが幸せ」という研究データがあります。『生き心地の良い町　この自殺率の低さには理由がある』（講談社刊）を書いた岡檀氏は**「ゆるいつながりのある村は自殺が少ない」**と言っています。

たとえほとんどの時間を一人で過ごしていても、困ったときに軽く相談できるくらいの知人が周囲にいると心が安定するのだそうです。

もともと独りのほうが落ち着く人、やむを得ない理由で独りになった人、なんとなく独りの人など、その理由は様々だと思いますが、そうした場合は、**おひとりさま同士のネットワークを構築することを意識しながら動いておく**ことをおすすめします。そして、できることなら、そこにはある程度の信頼関係があるほうがいいようです。毎日のように頻繁に会う必要はないけれども、なにかあったときには話し相手になってくれる、愚痴を聞いてくれる、相談にのってくれる、時には助けてくれる、などというような関係が望ましいです。自分だけでなく、相手も自分にある程度の信頼を寄せてくれていたなら、さらに幸福度は高くなるでしょう。

職場などでは一匹狼風で、なんでも自分独りでこなしてしまう人も少なくないと思いますが、なにかあったときに冗談まじりに愚痴を言い合ったり相談ができるくらいのゆるいつながりの友人・知人はつくっておいたほうがいいでしょう。ぜひ気楽につながりづくりを始めてみてください！

一方で、パートナーや家族がいても、他人とずっと一緒にいることに疲れるという人も実は少なくありません。こうした場合は、あえて独りの時間を持ったほうが幸せにつながるケースもあります。カフェやプラネタリウム、あるいは、後で出てくる質問のように無人島でも構いませんので、自分独りだけの時間を持てる場所を見つけて、そこで過ごせる時間を持つといいと思います。

つながりづくりと自分の時間づくりのバランスを取ることが、幸せへの鍵です。

ウェェェエイ
お一人様BBQ《バーベキュー》

Chap.3

「なんとかなる」力を高める幸せスイッチ

Sunday | Monday | Tuesday | Wednesday | Thursday | Friday | Saturday

QUESTION

09

夜景と夜空、落ち込んでいるときに眺めるなら？

元気のない人と元気いっぱいの人。私たちはなんとなく雰囲気で判断しているようですが、どこでその様子を見分けているのでしょうか。目線はその一つだと言えるでしょう。

気落ちしたときには人はがっくりと肩を落とし伏し目がちになります。逆に希望にあふれているときは、はるか前方や上を見るものです。下を向いて溜息をつくことはしますが、上を向いたまま溜息をする人はまずいませんよね？

そんな調査を行ったのがフロリダのアトランティック大学の研究チームです。なにか嫌なことがあったときに上を向いて大股で歩く人とそうしない人とでは、前者のほうが幸せという研究結果を公表しています。理由は、そうすることで脳がだまされるから。**上を向いて大股で歩いていると、「お、今は前向きになっているな」と脳が勘違いしてしまう**ようなのです。

上司から怒られたことが頭を離れなくて自分をずっと責めてしまったり、なにかミスをしてそのことが忘れられなかったりなど、仕事をしていると落ち込むことがたくさんあるでしょう。そして、大体の人はうつむき加減になっているはずです。そんなときは**「上を向いて歩こうスイッチ」**をオンにして大股で歩いてみてください。上を向いて歩くといっても、正面よりも少し目線を上げる程度（5度くらい）で十分です。それだけでも気分が違ってくるはずです。

たとえ落ち込んでいなくても、普段から目線を上げて歩くかそうでないかで、心持ちも随分と変わってきます。人にぶつかったり、ホームに落下したりして、ケガなどの危険性が叫ばれている「歩きスマホ」などは心にとってもあまりよくないのです。

いつもは無理かもしれませんが、外にいるときは遠くの景色をなるべく見るようにしたり、空を眺めるようにしましょう。たとえ見慣れた同じ場所であっても、より季節を感じたり、空や雲、植物の美しさにも気付くことができます。自分の世界が広がったような清々しい感覚も得られるはずです。

身体の動きが心を変える

もし今日が日曜日なら、月曜日を前にしてあなたはブルーな気分になっているかもしれません。そんなときこそ脳をだましてあげましょう。**元気な人のように振る舞えば元気な気持ち、明るい人のように振る舞えば明るい気持ちを取り戻すことができます。**

この考え方の応用で、人と話をするときも「この人の話は面白そうだな」と先に思いながら聞いていると、面白く聞くことができるといわれています。こちらが関心を持って耳を傾けている姿勢が伝わると、相手も面白いことを話そうという気になるし、それを受けて自分の脳も相手の話の中に面白さを見出そうとするためです。

脳と心と身体をうまくコントロールすることで、人はもっともっと心豊かに暮らせるのです。

お仕事しましょうね～
上を向くと5年前の自分
下を向くと
5年後の自分

上を向いて歩こうスイッチ

見上げるという動作は、考え方をポジティブに変えるだけでなく、呼吸を深める効果もあります。深呼吸することによって酸素が体中に行き渡るため、自然と元気も出て心も落ち着きます。いつもより少しだけ上を向いて歩くことを習慣化してみましょう。落ち込んだときだけでなく、考え事をするときもおすすめです。

マドカの
Happy Monday
コラム

幸福度世界ナンバーワンの国の秘密とは？

以前仕事でフィジー共和国に行ったとき、フィジー在住の知人、永崎裕麻さんから、こんな話を聞きました。ある場にいろいろな国の人が集まっていたのですが、休憩中に一人の男性が最近恋人に振られたという話をし始めたそうです。周りの人々はなんと声を掛けたらいいのか戸惑い、場が一瞬静まりました。

そのときです。大きな声が響きました。その場に居合わせたフィジー人が大笑いを始めたのです。なぜかその後、皆もつられて笑ってしまいました。後でなぜ突然笑いだしたのか理由を尋ねてみると、「フィジーでは悲しかったら笑え。笑えば物事は好転していくと言われているんだ」と話したそうです。

永崎さんの著書『世界でいちばん幸せな国フィジーの世界でいちばん非常識な幸福論』（いろは出版刊）には、フィジー人の幸せなエピソードがたくさん紹介されています。

実はフィジーは、レジェマーケティング（カナダの世論調査会社）による幸福度調査によると、2014年度における幸福度世界一の国（ちなみに2015年は1位がコロンビア、2位がフィジー）。思い返すと、確かにどの場所へ行っても、現地の人は笑みを浮かべていました。幸福度ランキングでいつも上位にいるのは、この「フィジースマイル」に秘密があるのかもしれません。

もし、日本で同様のことをしたら、ちょっと引かれてしまう可能性もありますが、自分が一人のときなら試してみる価値はあります。悲しいとき、つらいとき、多少無理をしてでも笑顔を作ってみてください。箸などの長い棒を横にして口にくわえると即席でも笑顔ができあがります。写真を撮るときは「楽しい」「ハッピー」などと小声でささやけば、口元に笑みがやどります。

現在、私が所属する慶應義塾大学の研究室では某大手企業のもとで笑顔測定器の研究を進めているのですが、本当の笑いと作り笑いでは大きな違いがあります。前者の場合は、目尻にシワを寄せる筋肉より口角を上げる筋肉のほうが先に動くのですが、後者の場合は、口角を上げる筋肉と目尻にシワを寄せる筋肉が同時に動き「目が笑っていない」状態になりがちです。

このように、「本当の笑い」と「作り笑い」とでは筋肉の動くタイミングや量が違うことが分かっています。「箸」や「ハッピー」などの道具や言葉の力を借りた笑みは本当の笑いではないかもしれません。けれども、脳をだまして、ネガティブな気持ちをポジティブな意識に変える助けとなってくれます。

作り笑いよりも、さらにいいのは、本物の笑顔になることです。「ハッピー」と言うだけでなく、「今、本当に楽しい」と思ってみてください。本当に楽しい気持ちになってきます。あるいは、本当に楽しかったときのことを思い出してみてください。そうです。作り笑いよりも本当の笑いを。

そうすれば、あなたの笑顔は、さらに輝いたものになることでしょう。

Sunday Monday Tuesday Wednesday Thursday Friday Saturday

QUESTION

10

クレームの電話を受けてしまいました。自分で対応をしますか？上司に相談しますか？

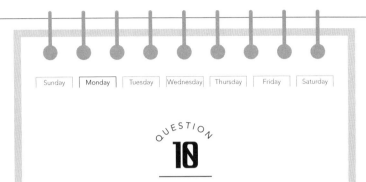

映画やドラマ、アニメやマンガの中でたいてい主人公はピンチになりますよね？　彼らはそんなときどうしているでしょうか？　あきらめて逃げ出しますか？　それとも、向き合って戦いますか？　最近は逃げ出すような作品も見かけるようになりましたが（笑）、やはり敵と対峙して、それを乗り越えてハッピーエンド！　というのが王道でしょう。これは幸福学的にも間違っていない話です。

なにかつらいことがあったときに人間が成長することは、精神医学や臨床心理学でよく知られています。これを、ＰＴＧ（ポスト・トラウマティック・グロース：心的外傷後成長）と呼びます。

以前、こんなことがありました。私と知人の二人でトークをするという企画のワークショップに出演することになったのですが、当日、その知人が風邪で寝込んでしまったのです。本番はもう目の前に迫っており、それまで一人でトークをするという経験もなかったので、私は「そんなこと無理」「失敗したらどうしよう」などとパニックになりました。でも、事態が自然に好転するはずもありません。

一人でなんとかするしかない、そう覚悟を決めて私が押したのが**「ヒーロースイッチ」**です。ピンチに立ち向かう物語の主人公のような気分で、「これはファシリテイターとして成長するためのチャンスだ」と自分に言い聞かせ、本番に臨みました。

緊張する中、ヒーローインタビューという形で自分の乗り越えたターニングポイントを語ったり（まさに今が試練の場だと思いながら）、掛け合いをするはずのところを「ひとり芝居」をすることでなんとか切り抜けました。

終了後、幸運にも「とても良かった」「新鮮だった」と好意的な評価をいただくことができました。それまでは、手慣れた知人に進行を頼ることも多かったのですが、このことがきっかけで一人で臨む自信と度胸がつき、仕事とも積極的に向き合えるようになったのです。

ピンチとは、それに挫折して不幸になるか、それを乗り越えて強くなり幸せになるか、の瀬戸際ですから、大切な幸せをつかむための試練ともいえます。自分がどう受け止めるかによって、人生は大きく変わっていきます。楽観的で前向きなほうが困難に対処する力が強まりますから、もしクレームの電話がきたなら、「自分が成長するための願ってもないチャンス」「逆に相手と友達になってしまおう」（ヒーローの敵も仲間になることがよくありますよね！）というように、ハプニングを楽しむくらいの気持ちで対応してみてくださいね。

ヒーロースイッチ

クレームの電話がきても、それを楽しむような気持ちで。自分ひとりではどうにもならないときなど「お願いスイッチ」が有効なときもありますが、たいていのことはなんとかなるはず。自分が成長できるチャンスだと思ったなら立ち向かってみましょう。

マドカの
Happy Monday
コラム

ネガティブな意識を吹き飛ばすパワフルな言葉

ピンチもそうですが、トラブルがあったときに、それをポジティブに受け止める意識というものは、なかなか持てないものです（この本ではその切り替えがスムーズにできるようになることを目指しています！）。日本人ならなおのこと。セロトニントランスポーター遺伝子についての研究によると、そもそも日本人の65％は物事をネガティブにとらえる傾向にあるそうです（ちなみにアメリカ人は19％）。ですから、なにかあったときに「こんなこと自分にできるわけがない」「常識的に考えられない」「絶対失敗するに違いない」などと思ってしまうのも、ある意味仕方のないことなのかもしれません。

　本当は、できるだけネガティブな発想をしないことが理想ですが、もしそんな思考にとらわれてしまったら頭の中から追い出す効果的な言葉があります。それは「キャンセル」。ある友人から教えてもらった技です。だ

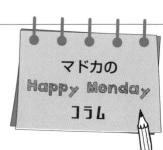

れかがネガティブワードを口にした際には、「キャンセル！　キャンセル！　キャンセル！」と笑顔で明るく言ってから、ほかの言葉に置き換えます。すると不思議と皆元気になるのです。自分への決めつけやあきらめを取り払う魔法の言葉ですね。

　気に入ったら、友人や同僚、夫婦や恋人の間などでも、ぜひ使ってみてください。「キャンセル」という言葉は、頭の中だけでなく、その場のネガティブな雰囲気をも消し去り、瞬時に場を明るくします。もちろん一人のときも、「もうダメだ」とあきらめそうになったりしたときは「キャンセル！」と唱えて気持ちを切り替えて、自分が「ヒーロー」であることを思い出し、ピンチに立ち向かってみるといいでしょう。

Sunday Monday Tuesday Wednesday Thursday Friday Saturday

QUESTION

11

「得意を伸ばす」と「苦手を克服」、どちらが幸せ？

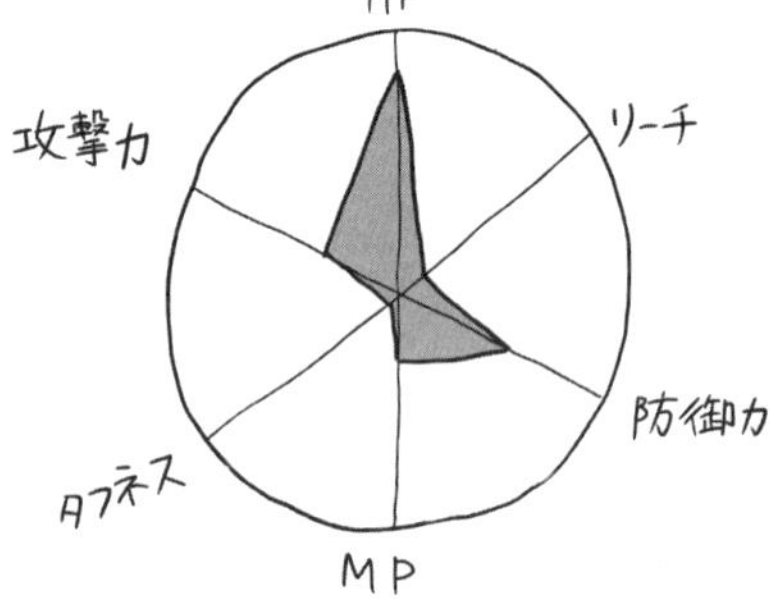

だれにでも必ず得意なことと苦手なことがありますよね。もし苦手な部分を改善すれば、なんでもそつなくできる万能な人に近づき、得意なことを伸ばしたなら、エッジの効いた人になることでしょう。では、幸せになるためには、どちらを改善したり、伸ばしたりすればいいのでしょうか。

気持ち的に取り組みやすいのは間違いなく得意のほうでしょう。一般的には得意なことに注力するほうがラクなこともあり、幸せへの近道だと紹介されることも多いのは確かです。

けれども、得意（長所）を伸ばしてなにかに秀でる人もいれば、その一方で、苦手（短所）を改善してプロになる人もいます。これが人間の面白いところでもあります。例えば、病を克服してカウンセラーになったという方は結構います。自分が悩んだ経験から、同じ悩みを持つ人の気持ちがよくわかるのでしょう。

このように苦手を克服するとそれが大きな強みになる場合もあります。長所を伸ばすより時間はかかるかもしれませんが、短所の克服も幸せにつながる可能性が十分にあるのです。

ありのままの自分を受け入れよう

幸福学的な視点から見ると、今回の質問に対する答えはどちらでも正解です！　基本的には、どちらでもいいのです。ただ大切なことが一つあります。それは**「得意（長所）も苦手（短所）も含めて自分自身を好きであること」**です。別の言葉では「自己受容（ありのままの自分を受け入れて認めること）」とも言われます。私たちの研究室で行った研究によると、幸福度と自己受容には高い相関関係がありました。つまり自己受容できている人は幸せ、できていない人は不幸な傾向にあります。

そうした研究結果から見て、私がもったいないなといつも思うのは、日本人には自己受容が「苦手」な人が多いという点です。例えば、仕事で「今日の○○はすごかったですね」と伝えると、「いえいえ、私なんかまだまだ全然ダメなんです」という方が結構います。自分自身のあるべき理想を高くしすぎて、自己受容ができていないのです。自身のことは自分よりも他人のほうがよく見えている場合があります。とりあえず、だれかが褒めてくれたら、**「自分大好きスイッチ」**をオンにして、それを自分の長所だといったん認めましょう。これは一番簡単な自己受容の

方法だと思います。そして、もうひとつ、簡単に自己受容が身につく魔法の言葉をこっそりお伝えしましょう。それは、

「ありがとう」

この言葉を言うだけ。簡単ですよね？ 私はアメリカで生活しているときに「ありがとう」のすごさに気付くことができました。

アメリカ人はとてもよく人を褒めるのです。

「今日のあなたのファッションはとてもすてき。似合っているわね」

「そのネックレスは手作り？ あなたは本当に器用なのね！」

渡米してまもなくの頃は、まだ褒められることに慣れていなかったので、

「そんなことないですよ」

「いえいえ、これは簡単ですから」

と応えてしまっていました。今振り返れば典型的な日本人の対応ですよね。生まれてから20年以上日本で暮らし、「謙虚さが美徳」という価値観の中で育ちましたから、深く考えず自然と口

から出てしまっていたのです。でも、アメリカ人はそんなときに必ず、「サンキュー（ありがとう）！」とまず感謝の言葉を発します。そして、「そう言ってくれて嬉しい。自分もこの服はとても気に入っているの」というふうに続けるのです。

謙虚さを伝える便利な言葉

「褒められたことをすんなり認めると謙虚さがない気がする」とまだ抵抗を感じるのなら、こんなふうに返してみてはどうでしょうか。

「ありがとうございます。褒めてもらって嬉しいです。でも、まだ頑張っている途中なんです」

これなら、いったん自分の良さを受け止めて自己受容もできますし、謙虚さを合わせ持っていることも伝えられます。

日本人の謙虚さは素晴らしいと思います。ただし、条件付きです。それは、幸せを感じているという前提があること。「これから幸せ度を上げていかなければならない人」「そもそも自己受容ができていない人」が謙虚になってしまうと、不幸に近づいてしまうのです。謙虚さを持つのは、もう少し幸せになるまでお預けにしましょう。

自己受容ワークのススメ

これまで、企業や大学をはじめ、さまざまな場所で幸福度をいかにして高めるかというワークショップを開いていますが、中でも人気があるのが自己受容を高めるワークです。仲のいい友人や同僚がいるなら、時々このようなワークに取り組んで、長所をお互いに言い合うような場を設けるとよいと思います。

2〜3人のチームを作り、5〜10分と時間を決め、どんなことでもいいのでお互いを褒め合います。気恥ずかしくて普段は面と向かって言えないようなことも、次のような感じで、この機会に言ってみてください。


「プレゼンがすごく上手ですよね」

「そのメガネがオシャレだと前から気になっていました」

「いつもやさしそうに見えます」

「さり気ない気配りがステキです」

「遅刻がなくてすごい！」


このワークには、次のようなメリットがあります。

① 本人の自己受容が高まる。
② 想像以上に周囲が自分を見てくれていたことに気付き前向きになる。
③ 普段話せないことを言い合うことでコミュニケーションが円滑に。
④ ③によって信頼しあえるので、チームでの作業が効率化し業績が上がる。

第一印象というのは侮れないもので、初対面の人同士でも7割は合っていることが多く、そこで自分の気付いてない良さに初めて気付くことができたという人もたくさん見てきました。紙に書いてもらうと、あとで思い返すこともできますので、ワークがより効果的になるでしょう。

忘れないでほしいのは、**得意なことを褒められたら必ず「ありがとう」と応えること**。これがあって初めて自己受容につながるのです。

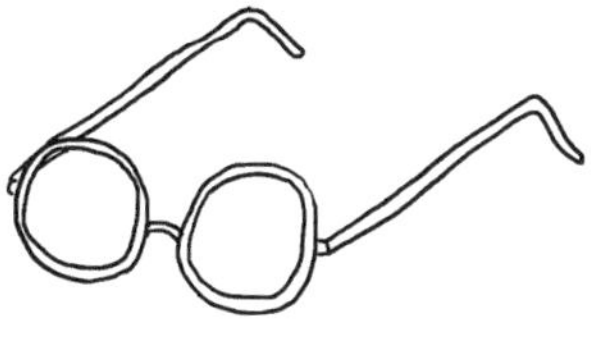

アリのママ
アリの子供

自分大好きスイッチ

得意も苦手も含めて自分を嫌いにならないであげてください。私は家族とよく自己受容のワークをするのですが、渋滞している車の中で一時間以上、夫とお互いの長所を言い合ったことがありました。最後のほうは褒めることがなくなってきて「そのネイルがオシャレ」「ネクタイの色が渋くていい」というところまで出し合いました。ワークの甲斐があってか我が家はとても円満です（笑）。

Sunday Monday Tuesday Wednesday Thursday Friday Saturday

QUESTION

12

重要な書類をどこかで失くしてしまいました。控えを探す？作り直す？

大切なものを落としてしまった、行列に並んでいたのに割り込みをされた、約束がドタキャンされたなどなど、気持ちが暗くなる出来事がときどき起こりますよね。それは自分の不注意からかもしれませんし、相手の勝手な都合かもしれませんし、たまたま運が悪かっただけなのかもしれません。そんなときに役立つのが**「空想スイッチ」**です。

私自身が空想スイッチに助けられた日のお話をしましょう。

ある日、ちょっとした打ち合わせがあり、買ったばかりのストールを初めて身に付けて出掛けました。電車の中は暑かったので、いったんはずして腕に掛けていました。目的地の駅に到着し、構内を100メートルほど歩いたときです。ストールがないことに気づきました。

「な、ない！」

一瞬青くなりましたが、まだ数分しか歩いていないので、「どこかに落ちているはず」と思って急いで戻りました。でも、どこにもありません。自分には少しぜいたくかなと思いながらも、とても気に入り、清水の舞台から飛び降りる思いで買ったストールでしたので、本当に気落ちしてしまいました。

「なぜ腕になんか掛けてしまったのか」「なんてバカなことを……」「どうして気づかなかったんだろう」

と自分を責めてみたり、いけないことだと思いつつ「きっとだれかが持ち去ったに違いない」と知らない人への疑いも頭をよぎりました。そのときです。首をすくめながら寒そうにしている人とすれ違いました。私はハッとしました。そして、こんな空想をしてみたのです。

「今日は昨日よりも肌寒い。きっと薄着で出てきてしまって寒くて困っている人があのストールを拾ったに違いない。だれかの役に立っているなら善しとしよう。」

すると、なんだかスーッとストールを失くしたショックは薄らいでいきました。そして、次の瞬間には自分の気持ちが温かくなり、逆に楽しい気分になりました。打ち合わせにはニコニコ顔で参加し、友人たちに買ったばかりのストールを落としたことを、面白おかしく話すくらいの気分にまで変わっていました。彼女たちは口々に最悪だと言いましたが、私の中では空想スイッチをオンにしたことで、すでに最高のハートウォーミングストーリーとして昇華されたのです。

不幸せを幸せに変える最強の意識切り替えスイッチ

あのとき、もしいつまでも探していたら、打ち合わせ自体に間に合わなかったかもしれません。あるいは間に合ったとしても、ストールのことが頭から離れず、打ち合わせの内容も頭に入ってこなかったに違いありません。周囲に暗い気持ちが伝播してしまった可能性もあります。そして、その駅を目にするたびに、負の感情を思い出していたことでしょう。

でも今、その駅は、私にとって最高に気持ちが温かくなる場所の一つです。私のエピソードはちょっと極端な空想かもしれませんが（夫にもよく笑われます……）、こんなふうに物事はとらえ方次第でどうにでも変わるということが、少しでもお伝えできていたらいいなと思います。

例えば、車の運転中にだれかが割り込んできたら、こんなふうに考えてみるのです。

「人にはそれぞれ事情がある。あの車の人は家族が久しぶりに上京して急いで迎えに行く途中なのかも。割り込んだことは気にしないから、早く空港に行ってあげて」

空想スイッチをいつもこうして活用できれば、なにかされたとしても、嫌な気持ちを抑えることができるようになるのです。

空想するときのコツ

「そんなに簡単にできない」という人のために、空想のコツを3つお伝えしましょう。

①「あの人ならこの状況をどうとらえるだろう」と尊敬する人目線で考えてみる。
②「自分のやったことが相手のためになっている」と利他的に考えてみる。
③「相手も頑張って生きようとしているんだ」とその人の立場になってみる。

こうしたイメージを繰り返すことで、いろんな場面で空想ができるようになります。注意するのは、無理やり負の感情に対して蓋をしたり、抑え込まないようにすること。物を失くしたのなら、事実は一旦受け止めて、その上で気持ちを切り替えるのです。蓋をしてしまうと昇華できず、いつまでも心に負の感情がたまっていき、精神衛生上、決して良いとはいえません。

空想スイッチ

たとえ書類やデータがなくなっても探すだけ探したら、あとは、「致命的な間違いがあったから作り直しになってよかった」「今日は上司（や先生）の機嫌が悪いから提出すべきではなかった」などと思いっきり良い方向へ空想してみましょう。私はよくドラマや小説の理想の人になりきって、その人ならどう行動するか考えるようにしています。

Sunday Monday Tuesday Wednesday Thursday Friday Saturday

QUESTION

13

A

Aに似ている図形は
BとCのどちら？

B

C

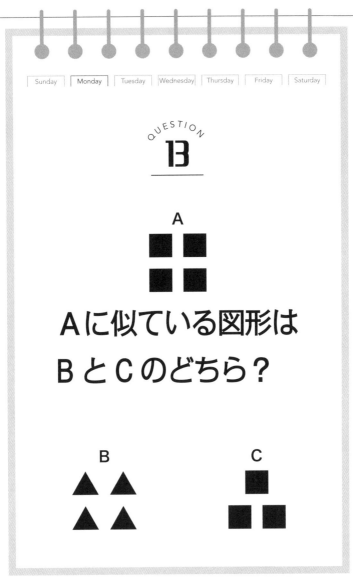

図：『思考能力のつくり方』（前野隆司著／角川書店刊）より

さて、あなたはどちらを選びましたか？　これは心理学者のバッソ博士らによる視覚についての研究の一部で、社会的な視野の広さを見るための質問です。診断結果は次のようになります。

Bと答えた人
広い視野を持つ人。物事を楽観的にとらえがち。

Cと答えた人
細部に焦点を当てる人。物事を悲観的にとらえがち。

統計的には、Bを選ぶ人とCを選ぶ人は、ほぼ半分に分かれます。Bは4つという全体的特徴がAと似ているのに対し、Cは四角という部分的な特徴がAに似ています。このことが選択に影響していると考えられています。ただ、同じ人でも時と場合や気分などによって、どちらを選ぶかが変わってきます。なぜなら、そのときの幸福度が影響するからです。

バッソ博士たちの研究では、「あなたは楽天的ですか？　悲観的ですか？」という質問に加えて、「幸福度は高いですか？　低いですか？」という質問も行っています。その結果、広い視野の図を選ぶ人は、「楽観的で幸福度が高い傾向にある」ことが分かったのです。

つまりBを選んだ人は、楽観的で、視野が広く、幸せ。全体を統率するリーダーに向きそうです。Cを選んだ人は、悲観的で、視野が狭く、不幸な傾向にあります。

日本人はなにかにつけて細かい人が多いので、私の感覚ではどちらかというとCを選ぶ印象が強そうです。そこで**「俯瞰《ふかん》スイッチ」**の出番です！　物事を一歩引いて見るという意識に切り替えるためのスイッチです。

視野を広げると見えなかったものが見えてくる

以前、なにかのメディアで、ある自動車評論家の方が「車線変更や高速道路に入るのが苦手な人は、バックミラーやサイドミラーを見つつ、空からも見るような目線を

持つと、全体の中での自分の位置がわかって、ハンドルを切るタイミングもつかめて、運転技術が上がる」と言われていたことがあります。

私もよく車を運転します。そのコメントを見るまでは上手な運転と呼ぶには程遠いものでしたが、空から眺めるような「俯瞰スイッチ」を押して頭を切り替えて運転をするように心掛けてからというもの、自分で言うのもなんですが、ずいぶんとスムーズな運転ができるようになった気がします。同時に「バッソ博士が言おうとしていたことはこういうことだったのか」と、その研究内容も強く記憶に残ったことを覚えています。

これは車の運転だけではなく、日常生活でも、仕事でも十分に活用できるスイッチです。**問題に直面して、なかなか解決できないとき、あなたの視点は狭くなっている可能性が非常に高い**のです。そうしたときは、ちょっと極端なたとえですが、神様や人工衛星にでもなったような気持ちで、一歩どころか**何万歩も引いて物事を眺めてみてください。**考えもしなかったところに原因があったり、意外な解決方法が見つかったり、話し合うべき対象が分かったりと、問題へどう対処するべきかの大きなヒントが得られるはずです。

視野360℃

俯《ふ》瞰《かん》スイッチ

俯瞰スイッチをきちんとオンにできていれば、物事の全体をとらえることができます。とはいえ、神様の視点を持つことはなかなか難易度も高いので、最初は相手の視点になってみるのはどうでしょう。いつもと違う立場で眺めた考え方やとらえ方は、いろいろな場面で役に立ちます。

Chap.4

「ありのままに」力を高める幸せスイッチ

Sunday Monday Tuesday Wednesday Thursday Friday Saturday

QUESTION

14

紙に10cmほどの直線を書いてみてください。

さて、あなたはどうやって線を書きましたか？　定規を使いましたか？　それとも、フリーハンドで？

もしかしたら、定規を使った方は、ネットの情報やチラシなどを吟味して、1円でも安い物を求めて遠くの店舗まで物を買いにいくタイプかもしれません。フリーハンドを選んだ方は、多少高くても近場や通勤・通学の通り道で買い物を済ませているのでは？

こうした場合、果たしてどちらが幸せなのでしょうか。

一見、定規を使うときれいに見えますし、安い物を買ったほうが、お得感もあり幸せそうにも感じます。けれども、なにかを手に入れるときや、なにかを達成する際に「あらゆる情報を仕入れ細かく吟味する派」と「ある程度のところで妥協する派」を比較すると、後者のほうが幸せな傾向が高いという研究結果を、スワースモアカレッジのバリー・シュワルツ博士らが発表しています。これは図を書いたり、買い物をするときだけに限りません。場合にもよりますが、物事と向き合うときは、きっちりし過ぎているより、**「適当スイッチ」**をオンにして、ほどほどなところで手を打つような、多少おおざっぱといいますか、**おおらかなほうが幸せ**だと言われているのです。あまり推奨はしませんが、時間を守る人より、多少ルーズなほうが幸せという研究結果まであります。

ですから、私も毎日の生活の中では慎重になりすぎないようにしています。仕事も家庭もあって、出張も多く、時間が限られているので、日々の食材を遠くまでわざわざ買いに行くよりも、直感で選ぶほうが優先です。できるだけ時間を有効に使うように心掛けているのです。

確かに、贅沢なことにあこがれないといえば嘘になります。けれども、私が目指しているのは、どちらかといえば**「お金持ち」**よりも**「時間持ち」**のほうなのです。二度と戻れない今という時間を大切にしたいのです。

ただし、人によって考え方は違うでしょう。少しでも安いものを買うことに情熱を燃やしていたり、それに達成感を覚えたり、経済的に節約したいと考えていて、わざわざ遠くのスーパーに行く方もいるでしょう。時間に余裕があるのなら、それはそれでいいのです。

でも、たいていの人は時間に追われていることのほうが多いはずです。もし、**神経質になりすぎているなと感じたら、時には「適当でもいい」ことを思い出して過ごしてみて**くださいね。

適当スイッチ

料理なら、調味料をきっちり量るのではなく、薄めの味つけにしておいて、後からプラスしていくくらいのさじ加減が大事。仕事の書類だって、学校のレポートだって、多少曲がっていたり、崩れていたりしてもいいんです。最初から完璧主義を目指さないほうが、人生もハッピーになりますよ。

マドカの
Happy Monday
コラム

STOP！ 完璧主義

会社や学校などにどうしても行きたくない日って、だれにでもあると思います。ちょっと心のテンションが落ちているときですね。真面目だったり、責任感が強い人のほうが、そう感じることが多いかもしれません。

でも、場合によっては、さぼるほうがストレス解消になることもあります。完璧主義じゃないほうが幸せ度は高まるのです。

急ぎの仕事や課題がないのであれば、思い切って丸一日休んでみませんか。どうしても難しいなら、「9時から12時まで」と時間を決めても構いません。たまには自分を甘えさせてあげましょうよ。ただし、特に職場などの場合は、きっちりと連絡を入れてくださいね。そう。休むときは、後ろめたさは忘れ去り、思いっきりリフレッシュしましょう。

もし自由な時間がとれたなら、のんびり自宅で休息するのもありです

一日中モフモフ

が、普段できないことをやってみてはいかがでしょうか。人のまばらな映画館で好きな作品を観る、ホテルのバイキングに行く、バッティングセンターやゴルフの打ちっぱなしに行く、動物園・水族館・美術館などに行く、日帰りの小旅行に行く、などなど。平日だからこそ空いているどこかに行くというのもありです。

そんな日のために、普段からしてみたいことや考えるだけでワクワクすることをまとめたリストを作っておくといいですね。

Sunday Monday Tuesday Wednesday Thursday Friday Saturday

QUESTION

15

仲間に誘われて
カラオケに来ました。
羽目をはずす？
控え目にする？

付き合いでカラオケに行ってみると、アルコールの影響もあってか、周りは皆ノリノリ。でも、飲めない自分はどうも一歩引いてしまった……。そんな経験を持つ人はいませんか？

皆とのコミュニケーションを取りに行ったのだからノリのよさは別に関係ないと思ってしまった、あなた。そんなことはありません。日常生活においては、「楽しもう」とする姿勢をもって物事に取り組んだほうが幸せ度が上がるという根拠がちゃんとあるのです。

ロヨラ大学シカゴ校のフレッド・ブライアント博士の研究によると、日常生活の平凡な経験も、「楽しもう」「一瞬を味わい尽くそう」というように、「一瞬に集中して満喫しよう」という意識を持つようにすることで、満足度が高まることが明らかにされています。

折角疲れた心をリフレッシュしに行っているのですから、心から楽しんでこそ参加した甲斐があるというものです。恥ずかしがらず**「満喫スイッチ」**をオンにして、周囲と一緒に盛り上がってみませんか？

「嫌」を「楽しい」に変える満喫スイッチ

私は、ＰＴＡの役員を他薦自薦を含めて8年間務めました。共働きの親が多い昨今、することの多いＰＴＡ役員を面倒がる人は多く、担当になったほとんどの方は不安を抱えている状態でした。しかし、人は皆、自分の時間をできるだけ「楽しいこと」に使うべきだというのが私のポリシーです。**「役員になった以上は全員が楽しめるＰＴＡにしよう」という気持ちで取り組みました。**

朝は率先して「あいさつ運動」をしたり、給食の試食会を企画するなど、改革やイベントにも積極的に取り組みました。大勢の意見をまとめたり、調整したり、改革した結果、私が会長だったときには、皆が楽しむＰＴＡを実現できました。そのときの経験は、現在のコンサルティングの仕事にも役立っています。もし、嫌々向き合っていたなら、スキルは身につかなかったことでしょう。満喫スイッチをオンにして役員をやったおかげで、8年間は私にとって幸せなときだったばかりでなく、一生の仲間を得ることのできた、かけがえのない経験となりました。

指示を待つ側ではなく、逆にリーダーになってそれを楽しむくらいの意気込みで仕事に取り組んだほうが圧倒的に楽しいですし、やる気も自然とわいてくるのです。

満喫スイッチ

目の前の出来事には、なるべく集中して取り組みましょう。声を出したり、味わったり、音に耳を傾ける、実際に触れてみるなどして、五感で堪能すると幸福度が上がります。「このハンバーグ、美味しい！」「この仕事の新しい担当者はいい人！」など、自分を本気で信じ込ませて、言葉や表情、身体を使って少し大げさに表現してみるのがポイントです。

マインドフル・イーティング

「マインドフルネス」という言葉を聞いたことはありますか？　これは「今この瞬間に集中して自分のあるがままの状態に気づくトレーニング」のこと。アメリカでは大きな支持を得て大人気で、一部では公的な教育にも取り入れられています。

「マインドフル・イーティング」は、そのトレーニングの一種。**意識を口の中の食べ物に集中することで雑念をなくし、心を「今ここ」に向けることを練習するもの**です。すっきりした気分になるため、見方を変えるきっかけになり、仕事がはかどるようになります。また、想像力も高まっていきます。例えば、なにかに悩んでいる人でも、集中している瞬間はそれを忘れ、澄んだ心の状態（＝良い状態）になるといわれています。

頭の中をクリアにすると新発想が生まれる

その方法はとても簡単です。なんでもいいので食べ物を用意します。おすすめは噛み応えのあるドライフルーツあたりでしょうか。「これが人生最後の食べ物」というような、大げさな気持ちで香りを嗅ぎ、口に入れたら食感を確かめ甘さを味わうなど、すべての感覚に集中します。コーヒーなどのドリンクでもＯＫ。まず香りを堪能し、口に含んで温度や苦み、酸味などをじっくりと楽しみます。

特別な食べ物を用意しなくても、普段の食事でもできます。おにぎりやサンドイッチを片手に仕事をするなんて本当はもってのほか。できれば避けることをおすすめします。仕事のことに気持ちを向けたりせずに、食べている瞬間に集中し、食材の味や香りを味わい尽くしましょう。食事を味わっているありのままの自分を受け入れられると、気持ちの切り替えにつながり、次のステップ、すなわち午後の仕事のパフォーマンスも上がるというわけです。

朝は「気持ちいい」からスタートすると効率が上がる

あのグーグルではこの考えを応用し、始業時間前に多くの社員が瞑想をするそうです。雑念を無理に取り除こうとするのではなく、**今の瞬間に集中することで頭の中をクリアにし、仕事にさっと取り掛かれる状態にする**ためだそうです。次々に発表される斬新なサービスは、そうした取り組みの賜物なのかもしれませんね。

瞑想はなにもないところで集中するものですが、初心者ですとどうしても雑念が出てきてしまいます。その場合、音や香り、食べ物といった対象物があると、それに集中できるので敷居も下がります。例えば、チベタンベル（チベット仏教で使われる法具の一つ。主人も愛用しています）のようなものを活用し、なにか音を鳴らして、聴こえなくなるまで目を閉じて

音に集中するのはどうでしょうか。「最後の音まで聴き取る」という意識で、音が聴こえなくなるまで耳を澄ませるというのが集中する際のポイントです。

私はというと、朝は自宅の洗面所に置いてあるアロマディフューザーをオンにして、好きな香りを嗅いで集中し、「心地よい」という状態にあえて自分をもっていくようにしています。

「気持ちいい」ものは人によって異なりますので、自分の「気持ちいい」を見つけるようにしましょう。岩盤浴でもエステでもアロマでも構いません。そして、見つけたら、それを堪能することを習慣化するといいでしょう。要は、その瞬間に集中して、満喫できていればいいのです。

Sunday | Monday | Tuesday | Wednesday | Thursday | Friday | Saturday

QUESTION

16

慌ただしい月曜日も終わりました。まっすぐ帰る？寄り道する？

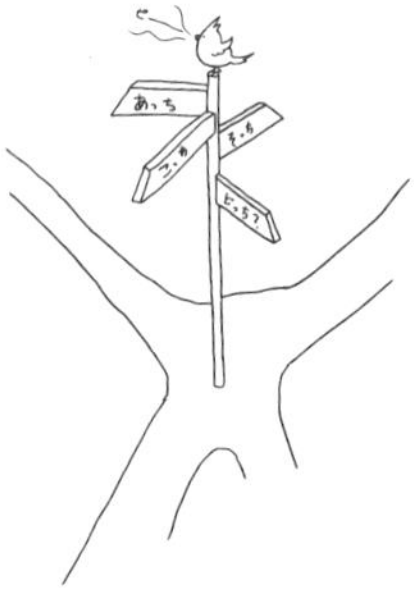

週初めの月曜日は特に疲れますよね。仕事や授業が終わったら、いつもと同じ通勤・通学路を通って、早く自宅に帰りたいという気持ちはとっても分かります。ですから、私も皆さんに自宅でくつろいでもらいたいのは山々なのですが、次のデータがそうはさせてくれません。

慶應義塾大学の私たちの研究によると、**「（人の目を気にしないで）新しいことに挑戦する人のほうが幸せ」**。「ありのままに」力です。新しいことへの挑戦とは**「ほかの人はやっているけれど自分として初めてのこと」「ほかの人がまだやっていないこと」**。どちらも、自分にとっては新しい経験になるので幸せ度はアップしますが、後者のほうが少し敷居は高くなります。

ですから、もし、ついつい同じ通勤・通学路を往復してしまっているなら、**「冒険スイッチ」**をオンにしてください。例えば、いつもと違うルートで帰る、初めての場所に寄り道してみる、などなど。まずは簡単な、自分として初めてのことに挑戦するという意味です。

特にこのスイッチを連打してほしいと私が思うのは「やりたいことが見つからない」と普段から悩んでいる人。若い方の中には少なくないと思います。でも、「やりたいことが見つからない」のは、そもそも立ち止まったままだったり、やりたいことを探そうとしていない場合がほとんどです。理由は、無意識のうちに変化を恐れているから。人はそもそも安定を求めるようにできていますので仕方ありません。変化は怖いものですから。

でも、思い切って、**新しいことにチャレンジしていくと道が開かれていきます**。というのも、人の脳には思考の枠があって、いつも同じところで考える癖があります。例えば、ネガティブな考え方をする癖があると、なにを経験してもネガティブな考えになってしまいがちです。

いつもと違うことに挑戦して自分の枠を壊す

日頃から新しいことにチャレンジしていくという習慣は、この枠を超えやすくする効果をもたらしてくれます。ネガティブ思考だった人も、ポジティブ思考になれる。今まで、「やりたいことが見つからない」という思考の枠にとらわれ、悶々と考えがちだった人も、枠を超えて「なにか見つかりそうな気がしてきた」と思えるようになります。漠然とした将来の不安を抱え、いつも「なんとなく不安」という枠の中に閉じこめられていた人も、ほかの思考ができたり、別の道を見つけることができるようになるのです。

いきなり大きなことに挑戦する必要はまったくありません。慣れないうちは、まず小さな「い

煮魚に
ジャムと
ホイップ
クリームを
かけてみる冒険……！
やめとけ！

つもと違うこと」からトライしてみましょう。「お風呂ではいつも髪から洗うが、今日は足から洗ってみる」「いつも左肩にかけているショルダーバックを右肩にかける」など、この程度でＯＫ。

小さな「いつもと違うこと」を積み重ねていると、だんだんとチャレンジすることに慣れていきます。そうしたら、少し大きな「いつもと違うこと」に挑戦してみましょう。そのうちに、人のやらない大きなことにも挑戦できるようになるはずです。

プル
プル

冒険スイッチ

いつも右に曲がっていた道なら左に曲がってみて。自分でつくっていた壁を壊すことができます。なんとあの茂木健一郎さんは、空いている電車の中で吊革を使って体操をしたことがあるのだとか（笑）。人の目を気にしない上級者向けの冒険ですね。

マドカの Happy Monday コラム

出過ぎた杭は打たれない!?

経営者の友人A氏は、いつも奇抜な服を着ています。ハート柄のスーツや、先端のとがった銀色のシューズ、アイルランドの祝日であるセントパトリックデーにはクローバー柄の緑の服を身に付けたりしています。また、いつもちょっと変わった形のメガネをかけています。そして、両足のソックスはいつも左右で柄が違うのです。

あまりにも奇抜なので、お笑い芸人に間違われることもあるのだとか。以前、彼に「どうして、いつもびっくりするようなファッションなんですか?」と尋ねたことがあります。すると次の言葉が返ってきました。

「いつも自分の行動が同じだったり、他人と同じことをしていると、決まりきったアイデアしか生まれない。でも、人と違うことをやっていると、いつのまにか創造的になるんです。新しいアイデアが思いも寄らないときに浮かんできたり、斬新な戦略を突然思い付いたりするんですよ」

そんなに目立って人と違うことをしていると、他人から疎ましがられたりしませんか、とも聞いてみました。すると、こんな答えが。

「出過ぎた杭は打たれにくいんですよ。あまりに飛び出していると、かえって周囲は好意的になり応援してくれます（笑）」

なるほど……。ちょっと出たぐらいではライバルとみなされて邪魔されたりするかもしれませんが、出過ぎると逆にスルーされてしまうのですね。実際、彼は本当にいつも協力者に恵まれています。

彼が経営しているのは介護施設なのですが、独自に開発されたそのリハビリプログラムはとてもユニーク。職員の制服はあえてカラフルでラフなものにもしたそうです。介護の仕事はよく3Kといわれますが、入居されている方は楽しそうですし、職員は明るく働いている様子でした。冒険スイッチから得られた、だれも思いつかないようなアイデアで、ビジネスを成功させている一例です。

ご本人にとっては至って普通で、冒険ではないのかもしれませんけれどね。

Sunday Monday Tuesday Wednesday Thursday Friday Saturday

QUESTION

17

あまり興味のないイベントの招待状をもらいました。出席する？欠席する？

私たちのグループが行った研究によると、外向的な人は内向的な人よりも幸せな傾向がありました。つまり何事に対しても積極的に自分から他者に働きかける人ほど幸せ、ということ。外向的であることは幸せであるための重要な因子なのです。ですから、余程の理由があるのでなければ、いろいろな場に参加してみることをおすすめします。

「そうはいっても、自分は性格的に無理だから……」

という方も多いでしょう。それでも大丈夫！　**性格の半分は後天的に変えることができる**といわれているからです。

実は、私の夫も本当に内向きな性格で、昔は友人も限られていたそうです。同窓会に行くと、「前野、お前どこにいたっけ？」などと言われることもあったのだとか。ですが、社交的な私(笑)と20年以上一緒にいることで、かなりその性格も変わってきたと本人が言っていました。今では、ワークショップなどで様々な人と積極的に話もしますし、昔の友人が今の彼の姿を見たら、きっと驚くのではないかと思います。

顔だけ出すのと出さないのとでは天地の差

もし、自分は内向的だと思ったなら、無理のない範囲でちょっとずつ他者とコミュニケーションを取るようにするといいと思います。

例えば「人がたくさん集まる場所はなんとなく苦手。パーティーや飲み会に参加するくらいなら、家で一人で本でも読んでいたほうが何倍も楽しい」という方は結構います。私の夫も、もともとはこのタイプでした。

そういう場合は**「外交官スイッチ」**をオンにしましょう。今からあなたは外交官です。「今日はとりあえず出席だけはして、だれか一人にあいさつしてこよう」という感じで、自分が達成できそうな目標を決めます。そして、目標を達成したら（この場合は、あいさつができたら）、「今日はこの後、用事がありまして……」などと言って、途中で帰ってきてしまえばいいのです。

主催者からすると、相手がまるっきり顔を出さないのと少しでも顔を出すのとでは、抱く印象に天地ほどの差があります。もちろん**少しでも顔を出したほうが、印象がぐっと良くなります**ので、その後の人間関係も良好になります。

なによりも、ちょっと顔を出して帰ってきてから本を読んだほうが、「行けば良かったかも」と後悔する必要がありませんから、気持ちもすっきりし、自分の幸せ度も上がります。

無理はせずに心をラクにして、**自分のレベルにあった外交を一歩ずつ試しましょう。**最初は外交官補佐くらいの気持ちで十分です。続けていると慣れてきて、知人も少しずつ増えていきます。

「先手必勝」であいさつすると4つのメリットが

もう一つのお手軽な社交術はあいさつです。

もし、初めて会う人がいたら先手必勝。自分からあいさつに行きましょう。

内向的な方の場合、「いやいや、それはムリ！」と思うかもしれませんが、意外や意外、**自分から話したほうが実はラク**で、次のようなメリットもたくさんあります。

①　心にゆとりができる。

自分から声をかけると、ある程度の心の準備ができていますから、ゆとりができます。逆に知らない人から急にあいさつされるとドキッとしませんか？

②　自信がつく。

「自分からあいさつができた。以前よりも成長しているかも」と自信がつきます。うまくいけば、次も話しかけてみようという励みにもなるでしょう。

③ 自分のペースで話ができる。

コミュニケーションは「鏡の法則」といわれるように、自分が話したことが跳ね返ってきます。もし、ゆっくりと話しかければ、相手も同じような話し方で返してくれるものです。ですから、自分から話すと自分のペースで話を進めることができます。

④ 「あなたを見ていましたアピール」ができる。

話しかけると、相手は「自分のことを気にしてくれていたんだ」と感じます。たいていの人は、注目されたい、自分のことを認識してほしい、と思うものです。自分のことを見ていてくれたと感じたら当然嬉しいですし、その上話しかけてくれたなら、その人に好感を抱きます。つまり先に話しかけただけで、あなたの好感度は上がるというわけです。

会議でも、朝でも、「おはようございます」「こんにちは」「今日はよろしくお願いします」などと自分からあいさつするだけでもポイントは上がります。

おはようございます!!

名刺をうまく使って自分を最大限アピール

外交官となったあなたをサポートしてくれる心強いアイテムが名刺です。外向的じゃない人ほど工夫したほうがいいでしょう。

私はイベントなどで大変多くの方と名刺交換をさせていただきますが、ユニークな名刺であればあるほど強く印象に残ります。例えば、顔写真付きのものがあります。個性的な方は、写真付きにしている方が多いのですが、逆におしゃべりが苦手な人も、写真付きにするだけで印象に残りやすくなります。形を少し変えて星型にしたり、名前にキャッチコピーを付けたり、ひとまわり大きなカードに名前だけ大きく書いてあったり、楽しいイラストが描かれていたり、ひと工夫することで会話にもつながります。

会社員の方は、「そうはいっても、会社の名刺が決まっているんですよ」と言うかもしれません。確かに会社の名刺を派手に変えるのは難しいものです。

それなら、**もう一枚別に名刺を作ってみてはどうでしょうか**。

最近、名刺を複数くださる方が増えています。会社とは別組織、つまり趣味のサークルやボラ

ボクの名刺にはジョーカーが
一枚入っています……
さぁ、どうぞ
フフフ……

ンティア団体、NPOの団体のものなど様々です。

複数の名刺をくださる方は、単純にバイタリティがあるなと思いますし、会社のものではない名刺は別の顔が見えるので強く印象に残ります。すると何か新しいプロジェクトが始まるときに「ちょっと声をかけてみよう」という気持ちになるものです。

今は、自分でも簡単に作れる時代ですから、オリジナルな名刺を自分でデザインしてみてはいかがでしょうか。

ビジネスシーンによっては、個人の名刺を出せない場合もあると思いますが、ちょっとした懇親会やイベントで、あるいは仕事上でも、少し親しくなった方には、個人の名刺を渡してみるのは簡単で効果的なのでおすすめです。

外交官スイッチ

先手必勝。内向的な人ほど、早目に会場に行って待っていたり、先に相手に声をかけたりすると、気持ちにゆとりが生まれて、コミュニケーションもスムーズにできるようになりますよ。私の夫は、パートナーを愛する人の会である「日本ロマンチスト協会」の名刺を、いつも幸せそうに配っています(笑)。

Chap.5

さらに「ハッピー指数」を高める幸せスイッチ

Sunday Monday Tuesday Wednesday Thursday Friday Saturday

QUESTION

18

海と山、旅行に行くならどちら？

もしかすると、休めるならばどこでもいいという方のほうが多いかもしれませんね。幸福学のデータに基づくなら、ここでのポイントは「緑」。

波音を聴きながら眺める夕暮れ。地元の海水浴場もハワイの青い海も、その魅力を上げたらきりがありませんが、単純に緑の多さを比較したなら「山」になるのでしょうか。（たくさんの緑がある海なら大丈夫ですよ！）

なぜなら、「緑」に囲まれることがストレスを軽減し、幸せをもたらすという研究報告がこれまで数多く出されているからです。

例えば、ディーキン大学のマラー博士らは、自然が健康に影響することを明らかにしています。スウェーデン大学のオットソン博士らは、自然がリハビリ効果を高めるという研究成果を発表しています。慶應義塾大学の私たちのグループも、森にいると内省して自己理解を深められることを明らかにしました。

気軽に有給休暇を取るのも、なかなか難しい時代ではありますが、なにかにつけて**「緑スイッチ」**をオンにして緑を探しに出掛けるようにしましょう。近所の公園に行くことだって十分な効果があります。週明けの月曜日からストレスの多い仕事が待っているのであれば、日曜日には森林浴をして、心と体をすっきりさせておくといいでしょう。

緑を探しながら町を歩くだけでも気持ちが切り替えられる

緑の多い場所で、私のお気に入りは、長野県川上村にある廻り目平キャンプ場。フリークライミングやボルダリングが盛んで、日本のヨセミテ（アメリカの雄大な国立公園）といわれるほど美しい岩山と緑に囲まれ、そばには千曲川の源流があります。知る人ぞ知るキャンプ場で、オートキャンプ志向でない方向けの自然いっぱいの場所です。

自然が大好きな夫の影響で、日本全国いろいろなキャンプ場へ行きましたが、廻り目平キャンプ場は格別です。

テントは広い野原や丘のどこに張ってもＯＫ。区切られていないので自由で開放的です。景色は、３６０度見渡す限り、岩肌の山と緑の木々に囲まれ、ため息が出るほど美しく、どこを切り取ってもまるで一枚の絵のようです。夜は手が届くのではと錯覚するほど、たくさんの星が見えます。

廻り目平へ行くだけで、マイナスイオンや新鮮な空気が、心と身体を癒してくれて、毎回リフレッシュでき、元気をチャージできます。

ですから、一年に一度は無性に行きたくなります。皆さんも一度訪ねてみてはいかがでしょうか。

遠方まで行かなくても、緑は楽しめます。

私が研究員をしている慶應義塾大学の日吉キャンパスには、立派な銀杏並木があります。日吉キャンパスを象徴する銀杏は季節の移り変わりを美しく表現します。

夏は目の覚めるような緑色の葉が木を覆い、キャンパスの中を歩くときに目にするだけで、気持ちがリラックスし癒されます。高い木の上のほうまでびっしり緑色の葉で埋め尽くされているのですが、構内にいるときは、目にも優しい緑をついつい見上げています。すると効果てき面、あっという間に心が落ち着きます。

都内のビルの間にも、最近は木々が植えてあったり、公園が造られています。東京の日比谷公園や皇居の緑も美しいですよね。身の周りにあるちょっとした緑に意識的に目を向けるだけで、気分が落ち着くと思います。私は町を歩いているときは、いつも緑を探して癒されています。

どうしても時間がなく、**緑のある公園などに行けない場合は、スマートフォンで森林の動画を見ながら、美しい鳥の声の音を聞く**だけでもＯＫ。こんなことでも、ずいぶん安らぎが得られるものです。スマートフォンの画面に映る森の写真を見ながら、実際に行った記憶を思い出してみる。まるで、そこにいるかのような感覚を味わうことができます。私の夫の場合は、自分で撮った森の写真を大きく引き伸ばして職場に飾っています。廻り目平や海外の森で録音した朝の鳥の声を聴いたりもしているようです。屋久島の海岸で拾った屋久杉の流木の匂いを嗅ぐ、というマニアックな満喫法も楽しんでいるようです（笑）。

皆さんにぴったりの方法で緑スイッチをオンにしてみましょう。

緑スイッチ

忙しくてなかなか外出もままならないというのであれば、植物をベランダで育てるのもＯＫ。私はハーブを育てています。お料理にも使えて一石二鳥です。室内の観葉植物としては幸せの木といわれるドラセナや金運アップの木ともいわれるパキラがおすすめ。どちらも育てやすいですよ。

Sunday Monday Tuesday Wednesday Thursday Friday Saturday

QUESTION

19

電車で立っていたら
席を譲られました。
座る？
遠慮する？

ケガをしている人、妊婦さんや小さな子ども連れの人、高齢の方。電車やバスなどの交通機関を利用しているときにそんな人を見かけたら、「どうぞ」と席を譲ったことが、だれにでもあるでしょう。では、逆に譲られたとき、どうしていますか？「いえ、大丈夫ですから」となんとなく断ってしまっていませんか？

そんなときは、**「善意は拒まずスイッチ」**をオンにして素直に座るようにしましょう。**善意を受け取ると、世の中全体が巡り巡って幸せで満たされるようになる**からです。

自分が席を譲る側になった場合を想像してみると分かりやすいと思います。静かな車内で、見ず知らずの人に「どうぞ」と声を掛けるのは、ちょっぴり勇気がいるものです。それを断られたら、何となく恥ずかしいような気持ちになったり、譲らなければよかったかなと後悔したりして、きっと心にさざ波が立つことでしょう。

また、周りの人もそれを見ていたなら、自分の経験のように心が学習してしまいます。

「やはり席なんて譲るものじゃない。断られるかもしれないし、恥ずかしいし」

と思ってしまう人が出てきてしまうのです。

そうすると、自分の座席の前にお年寄りや、体調の悪い人が立っていても、寝たふりや見てみないふりをしてしまう人が出てくる可能性が自然と高くなっていきます。社会でのあなたの行いは確実に周囲の人に影響を与えるのです。

逆に気持ちよく「ありがとうございます。助かります」と言われて腰かけてくれたらどうでしょうか。あなたは「いいことをして感謝された！」と心が温かくなります。全員ではないかもしれませんが周囲の人も学びます。「席を譲ると感謝されるんだ」と。

学ぶというところまでいかなくても無意識下には刻まれ、同じような状況に面したときに、あなたの影響を受けて席を譲るような人が少なからず出てきます。行動していて気分のいいことは周囲にも伝染しやすいのです。

一つの善意が起こした奇跡の「譲り合い」連鎖

私はこんなシーンに立ち会ったことがあります。

あるとき電車に乗っていると、高齢の女性が乗車してきました。座っていた私はすぐに立って「どうぞ、お掛けください」と席をすすめました。

その女性はやさしい笑顔で「ありがとうございます。助かります」と腰かけてくれました。

すると少し離れたところに座っていた中学生くらいの男の子が、前に立っていた年配の方に席を譲りました。驚いたことに、その車両では、私が乗っている間に四件ほどの席の譲り合いが行われたのです。幸せですね！

幸福学の研究では、**社会的なつながりの多様性（多様な人と接すること）と接触の頻度が高い人は幸福度が高い傾向にある**こともわかっています。エール大学のクリスタキス博士の研究によると、「幸せはうつる」ことも知られています。

そう考えると、善意を受け取るという行動は、社会と関わることもできる一石二鳥のスイッチだともいえますね。

どうぞ
座ってください
!?

善意は拒まずスイッチ

「重い荷物を持ちましょうか」「ベビーカーを運びましょうか」そんな善意は喜んで受け取りましょう。善意を断ると相手を気まずい気分にさせてしまうだけでなく、それを見た周囲の人も今後善意をためらってしまうという悪循環に陥ってしまいます。皆で善意を表し、受け取ることで、善意の輪を広げていきましょう。

Sunday Monday Tuesday Wednesday Thursday Friday Saturday

QUESTION

20

もし無人島に
行くことになったら、
なにを持って行く？

最後を締めくくるのは、この定番の質問！　さて、皆さんならなにを持って行くのでしょうか。無人島に漂着して一生住むことになるという想定なのか、無人島にツアーで行くという想定なのかによって、答えは違うでしょうが、いずれにせよ、この本を最初からお読みいただいているなら、「ありったけのお金」や「ブランド物のバッグ」などとは決して答えていないはずですよね？

ここまで繰り返しお伝えしてきましたが、おさらいの意味を込めてもう一度言います。

長続きしない幸せをもたらすものは地位財、すなわち、お金・物・地位など。逆に、長続きする幸せをもたらすものは、ワクワクする心（やってみよう力）、つながりや感情や親切（ありがとう力）、前向きさ・楽観性（なんとかなる力）、人の目を気にしないこと（ありのままに力）、そして、健康や安全です。

持っていくという表現をしてしまうと、どうしても物を想像してしまうとは思いますが、もし私だったらなにを持っていくと思いますか？

アメリカのセドナで無数の流れ星を以前見たことが忘れられず、星座早見表を持っていきたい気持ちもあります。また、最近ではコットンパールがマイブームなので、その材料を持っていって、皆のためのアクセサリー作りに精を出すのもいいなとも思います。

これらもとっても魅力的なのですが、幸福学のプロの私がここでオンにするのは**「絆《きずな》スイッチ」**です。思い出してください。少し前に触れた、**長続きする幸せをもたらすもの**のことを。例外もありますが、**その多くに「人とのつながり」が隠れていませんか？**　ですから、私は絶対に「人」を連れていきます。できることなら家族全員を連れていきたいくらいです。仲間がいれば、皆で魚や動物を捕らえたり、植物を育てたりして、幸せにサバイバルできそうです。

これは幸せの因子でいうなら第2因子「つながりと感謝」にあたるもの。もちろん、そんな理由がなくても家族はなによりも私自身を幸せにしてくれるものなのですけれどね！

「無人島に行くことになったら？」という問いは、「人生からあらゆるものを削ぎ落としたときに残るもっとも大事なものはなにか」を考えてみるための問いでした。実は、あなたの身の周りのほとんどのものがなくても、あなたは幸せでいられるのです。

読者の皆さんも、無人島に、素敵な幸せを持って行ってください。

絆《きずな》スイッチ

無人島に限らず、物より人、あるいは人とのつながりをもたらすものを意識的に選ぶようにすれば、自然と幸福度が高くなるでしょう。いろいろなシーンで、どうすれば幸せ度が高まるか考えてみてください。絆、つながり、愛は、人の幸せのためになくてはならないものですよね。

おわりに

「月曜日が待ち遠しく、早く出社したくてたまらない」

そんなふうに感じている社員ばかりの企業があります。徳島県にある、西精工株式会社です。ホワイト企業大賞実行委員会の調査によると、従業員237名のほとんどが、「月曜日が待ち遠しく、早く会社に行きたい」と考えているそうです。

信じられないような話ですね。

ぜひこの目で見たいと思い、先日訪問してきました。

西精工は、世界最先端の超小型ナットやパーツを生産しているメーカーです。

社長の西泰宏氏はニコニコして優しそうでしたし、社員の皆さんは、勤務中も生き生きとした様子。

一時間以上もかけて真剣に、かつ楽しく朝礼を行い、取り組みたいことや課題を共有することで、今日すべきことを明確化すると共に、社員間の信頼関係を培っています。ですから、仕事の「やらされ感」はまったくなく、それぞれが自ら率先して、業務に取り組む風土が浸透していました。

ただ会社が好きなだけでなく、仕事を通して自分の成長、会社の成長を実践。社員が大家族のようにつながりあって、助け合い、認め合い、切磋琢磨する――圧倒的なポジティブ志向でした。

その鍵は対話。

社員と社長との垣根がなく、とことん本音で意見を言い合う社風がありました。信頼感、尊敬、承認、愛が、すみずみまで行き渡っています。常に対話を大切にし、良いこともあまり良くないこともすべて共有する。そして、そこからどう進んでいくかを提案し合い、未来像を想像(創造)する。気持のよいくらい、大きな声ではっきりと意見交換。とっても清々しい光景で、感動しました。

まさに、幸せの4つの力「やってみよう」「ありがとう」「なんとかなる」「ありのままに」をバランスよく取り入れている会社でした。

皆で力を合わせ、大きな声で、やってみよう！
皆のおかげで自分があると、心からの、ありがとう！
皆の協力があるから、どんな困難も、なんとかなる！
多様な皆が認め合っているから、だれもが、ありのままに！

すべての会社で、すべての皆さんが、こんなふうに、日々仕事をすることができたら、どんなにか充実感のある幸せな人生を送れることでしょう。

幸せの4つの力は、だれにでもできる、簡単なことです。しかし、同時に、だれもが簡単に失ってしまいがちな、はかないものです。ですから、西精工さんのような幸せな職場をつくるのは、簡単なことではありません。

でも、西精工という企業は、希望です。幸せな職場を力強く実現しているのですから。本書では詳しくは述べませんでしたが、西精工さんのように、驚くほど幸せな会社が実はたくさんあります。少なくとも、幸せの理想を実現している会社は、たくさん存在しているのです。

ぜひ本書の「幸せスイッチ」を活用していただき、企業だけでなく、学校をはじめ、「月曜日」が象徴する憂うつさを吹き飛ばすような、ハッピーなコミュニティがどんどん増えることを願っています。

最後になりましたが、本書を執筆するにあたり、お世話になったすべての方に感謝いたします。

まずは、突然の取材訪問の申し出を快くお引き受けくださった、西精工の西泰宏社長、そして、社員の皆さん、ありがとうございました。あの感動を読者の皆さんにもお伝えできていれば幸いです。

そして、私らしさと私の想いに共感してくださり、編集において多大なるご協力をいただいたヴォイスの担当編集Nさん、クロロスの小川真理子さん、ダーナの山本時嗣さん、帯に推薦の言葉を書いてくださった脳科学者の茂木健一郎さんに、心より感謝申し上げます。

私の家族かと思うほど私を理解してくれている友人の岡本直子さんには、仕事上だけでなく、執筆に関しても相談にのっていただきました。いつもありがとうございます。

また、私の幸せの根源である最愛の家族、父と母と義母と息子と娘へ。どんなときも、理解し応援し支えてくれているからこそ、好きな研究や仕事ができます。どんなに感謝しても感謝しきれません。ありがとうございます。

そして、いつも深い海のように穏やかに、私を信頼し応援してくれる最愛のパートナー、隆司さんに、心からの謝意を表します。本当にありがとうございます。これからもずっと、よろしくお願いします。

最後に、この本を読んでくださった読者の皆さん、心から感謝を申し上げます。一人でも多くの方がこの本から「月曜日」が待ち遠しくなるなにかを受け取り、幸せになり、ご自身の人生を楽しんでいただくことを、そして、それが周りの皆さんへもマジックのように鮮やかに広がることを、心より願っています。

前野マドカ

▪著者
前野 マドカ／ *Madoka Maeno*

慶應義塾大学大学院システムデザイン・マネジメント研究科附属システムデザイン・マネジメント研究所研究員。EVOL株式会社代表取締役CEO。IPPA（国際ポジティブ心理学協会）会員。サンフランシスコ大学、アンダーセンコンサルティング（現アクセンチュア）などを経て現職。幸せを広めるワークショップ、コンサルティング、研修活動及びフレームワーク研究・事業展開、執筆活動を行っている。

▪監修
前野 隆司／ *Takashi Maeno*

慶應義塾大学大学院システムデザイン・マネジメント研究科・教授。東工大卒、東工大修士課程修了、キヤノン株式会社、カリフォルニア大学バークレー校、ハーバード大学などを経て現職。博士（工学）。幸福学、幸せ×教育･発達、幸せ×経営、幸せ×地域、幸せ×科学技術などの研究に従事。『幸せのメカニズム』（講談社)、『システム×デザイン思考で世界を変える』（日経 BP 社）など著書多数。

月曜日が楽しくなる幸せスイッチ

2017年09月15日　第1版第1刷発行
2017年10月25日　第1版第2刷発行

著　　者　前野 マドカ
監　　修　前野 隆司
編集協力　小川 真理子（クロロス）
ブックデザイン　藤井 由美子
校　　正　森下 瑞樹
発 行 者　大森 浩司
発 行 所　株式会社ヴォイス　出版事業部
〒106-0031　東京都港区西麻布3-24-17　広瀬ビル
0120-05-7770（通販専用フリーダイヤル）
☎03-5474-5777（代表）
☎03-3408-7473（編集）
03-5411-1939
www.voice-inc.co.jp
印刷・製本　萩原印刷株式会社

ISBN978-4-89976-468-7　Printed in Japan